排舞运动

李 遵 编著

人民体育出版社

图书在版编目（CIP）数据

排舞运动 / 李遵编著. –– 北京：人民体育出版社，2013（2024.2重印）
ISBN 978-7-5009-4454-6

Ⅰ.①排… Ⅱ.①李… Ⅲ.①体育舞蹈—教材 Ⅳ.①G831.3

中国版本图书馆CIP数据核字(2013)第078172号

*

人民体育出版社出版发行
北京建宏印刷有限公司印刷
新 华 书 店 经 销

*

787×1092　16开本　12.5印张　138千字
2013年7月第1版　2024年2月第6次印刷

*

ISBN 978-7-5009-4454-6
定价：62.00元

社址：北京市东城区体育馆路8号（天坛公园东门）
电话：67151482（发行部）　　　邮编：100061
传真：67151483　　　　　　　　邮购：67118491
网址：www.psphpress.com
（购买本社图书，如遇有缺损页可与邮购部联系）

序

　　近年来，排舞运动在我国迅猛发展，各地掀起了一股排舞健身热，但与排舞运动快速发展不相适应的是，对于排舞运动的理论研究还很薄弱，关于排舞运动的历史发展、创编特点、舞步风格、教学竞赛等问题还没有得到合理解答，尤其是对排舞运动创编实践方面的研究还处于空白，成为排舞运动在我国推广发展的一大制约。在此背景下，《排舞运动》的出版面世可谓正当其时。

　　该书作者围绕排舞运动的概念、特点、分类、风格、术语、舞谱、创编、教学、竞赛等问题的展开撰写。书中，有几个显著的特点给人印象深刻。其一，首创性地总结归纳了排舞运动的基本术语，以简明扼要的词汇，准确形象地反映出排舞的舞步形式和技术特征。其二，整理梳理了排舞运动舞谱，明确了编写舞谱的方法、注意事项及向国际排舞协会申报新曲目的方法，对普及和推广排舞运动，进而促使我国排舞走向世界具有重要意义。其三，重点介绍了当前的经典排舞曲目，鲜见性地采用步点图的方式，不仅明示了舞步线路，还指出了舞者的重心变化，便于读者的学习演练。

　　全书充分兼顾了理论性和实用性，在不少章节中提供了很多实用性强的参考资料，在动作阐述的基础上配以插图加以说明。通览全书，文笔流畅，涉及面广，对排舞运动相关的各方面知识和内容均有论及，为读者勾画了一幅排舞运动的全景图。

　　《排舞运动》系统总结了创编、教学、培训排舞运动的实践经验，研究了排舞运动的基本理论问题，反映了这一领域的最新研究成果，为排舞从事者和爱好者学习、教授、推广排舞运动提供了理论的支撑，为研究排舞运动提供了视角、理论和方法的借鉴，为体育院校相关专业的本科生及研究生提供了一本有特色的、有质量的教科书和参考书。

　　希望这本《排舞运动》能成为广大排舞爱好者的良师益友。

缪仲一

2012 年 12 月于北京

目　录

第一章　排舞运动概述 ……………………………………………… （1）

第一节　排舞运动的起源与发展 ………………………………… （1）
一、排舞运动的起源 ………………………………………… （1）
二、国际排舞运动的全面发展 ……………………………… （3）
三、我国排舞运动的兴起与发展 …………………………… （4）
第二节　排舞运动的分类与特点 ………………………………… （5）
一、排舞运动的分类 ………………………………………… （5）
二、排舞运动的特点 ………………………………………… （6）
第三节　排舞曲目的风格 ………………………………………… （8）
一、伦巴风格 ………………………………………………… （8）
二、恰恰风格 ………………………………………………… （9）
三、桑巴风格 ………………………………………………… （10）
四、探戈风格 ………………………………………………… （10）
五、华尔兹风格 ……………………………………………… （11）
六、波尔卡风格 ……………………………………………… （12）
七、踢踏舞风格 ……………………………………………… （13）
八、东方舞风格 ……………………………………………… （14）
九、爵士舞风格 ……………………………………………… （14）
十、街舞风格 ………………………………………………… （15）
十一、藏族舞风格 …………………………………………… （16）

第二章　排舞运动术语 ……………………………………………… （17）

第一节　排舞术语特征及其创立原则 …………………………… （17）
一、排舞术语的基本特征 …………………………………… （17）
二、创立排舞术语的原则 …………………………………… （18）
第二节　排舞运动基本术语 ……………………………………… （18）
一、动作方向术语 …………………………………………… （19）

二、动作方法术语 …………………………………………… (21)

三、动作相互关系的术语 …………………………………… (50)

四、动作方法术语一览表 …………………………………… (50)

第三节　排舞运动术语的运用 ……………………………… (52)

一、排舞术语的形式及其构成 ……………………………… (52)

二、排舞动作的记写方法与要求 …………………………… (53)

第三章　排舞运动舞谱 ………………………………………… (55)

第一节　排舞运动舞谱的作用 ……………………………… (55)

一、舞谱是学习掌握排舞的工具 …………………………… (55)

二、舞谱是世界排舞交流的语言 …………………………… (55)

三、舞谱是排舞竞赛的准绳 ………………………………… (56)

四、舞谱是理解曲目的关键 ………………………………… (56)

第二节　排舞运动舞谱的编写方法 ………………………… (56)

一、中文舞谱的编写方法 …………………………………… (56)

二、英文舞谱的编写方法 …………………………………… (57)

三、舞谱术语中英文对照 …………………………………… (66)

第四节　编写舞谱的注意事项 ……………………………… (72)

一、舞谱用语应简单易懂 …………………………………… (72)

二、要熟悉英文的表达方式 ………………………………… (73)

三、舞步记写要前后一致 …………………………………… (73)

四、舞步和身体动作不要同时记写 ………………………… (73)

五、熟悉各类舞步动作 ……………………………………… (73)

第五节　排舞运动曲目申报方法 …………………………… (74)

一、撰写舞谱 ………………………………………………… (74)

二、拍摄视频 ………………………………………………… (74)

三、资料提交 ………………………………………………… (75)

第四章　排舞曲目的创编 ……………………………………… (76)

第一节　排舞曲目创编原则 ………………………………… (76)

一、目的性原则 ……………………………………………… (76)

二、针对性原则 ……………………………………………… (76)

三、规律性原则 ……………………………………………… (77)

四、形式美原则 ……………………………………………… (77)

　　　五、创新性原则 ……………………………………………… （77）

　　第二节　排舞曲目创编要素 ………………………………… （77）

　　　一、音乐要素 …………………………………………………… （78）

　　　二、风格要素 …………………………………………………… （84）

　　　三、舞谱要素 …………………………………………………… （87）

　　　四、时空要素 …………………………………………………… （88）

　　第三节　原创曲目的创编方法 ……………………………… （88）

　　　一、确定曲目主题 ……………………………………………… （89）

　　　二、创编主体舞步 ……………………………………………… （89）

　　　三、延伸组合动作 ……………………………………………… （89）

　　　四、串连小节动作 ……………………………………………… （89）

　　　五、在实践中修改 ……………………………………………… （90）

第五章　排舞运动教学 …………………………………………… （91）

　　第一节　排舞运动教学特点 ………………………………… （91）

　　　一、注重教学内容的选择 ……………………………………… （91）

　　　二、注重音乐素养的培养 ……………………………………… （91）

　　　三、注重团队意识和个性魅力的培养 ………………………… （92）

　　第二节　排舞运动教学原则 ………………………………… （92）

　　　一、健康性与娱乐性相统一 …………………………………… （92）

　　　二、全面性与个性培养相统一 ………………………………… （93）

　　　三、体能发展与技能发展相统一 ……………………………… （93）

　　　四、整体性与因材施教相统一 ………………………………… （93）

　　　五、直观模仿与启发思维相统一 ……………………………… （93）

　　　六、循序渐进、巩固与提高相统一 …………………………… （94）

　　第三节　排舞运动教学方法 ………………………………… （94）

　　　一、讲解示范法 ………………………………………………… （94）

　　　二、分解与完整结合法 ………………………………………… （95）

　　　三、提示法 ……………………………………………………… （96）

　　　四、跟随法 ……………………………………………………… （97）

　　　五、重复练习法 ………………………………………………… （97）

　　　六、比赛法 ……………………………………………………… （97）

　　　七、双语教学法 ………………………………………………… （98）

第四节 排舞运动教学设计 ……………………………………………………（98）
　　一、排舞教学设计特征 ……………………………………………………（98）
　　二、排舞教学设计遵循的原则 ……………………………………………（99）
　　三、排舞教学设计分析 ……………………………………………………（100）
第五节 排舞运动教学要求 …………………………………………………（104）
　　一、排舞教学的着装要求 …………………………………………………（104）
　　二、排舞教学的礼仪要求 …………………………………………………（104）

第六章　排舞运动竞赛 …………………………………………………………（106）

第一节 排舞竞赛的意义 ……………………………………………………（106）
　　一、有利于宣传推广排舞运动 ……………………………………………（106）
　　二、有利于促进排舞运动的发展 …………………………………………（106）
第二节 排舞竞赛的项目 ……………………………………………………（106）
第三节 排舞竞赛的组织 ……………………………………………………（107）
　　一、制定竞赛规程 …………………………………………………………（107）
　　二、建立竞赛组织机构 ……………………………………………………（108）
　　三、召开赛前会议 …………………………………………………………（109）
　　四、比赛的进行 ……………………………………………………………（110）

第七章　排舞运动曲目介绍 …………………………………………………（112）

第一节 少儿曲目 ……………………………………………………………（112）
　　一、《阿尔菲》 ………………………………………………………………（112）
　　二、《三只盲鼠》 ……………………………………………………………（115）
第二节 小学曲目 ……………………………………………………………（117）
　　一、《魔力火车》 ……………………………………………………………（117）
　　二、《红星闪闪》 ……………………………………………………………（120）
　　三、《一起长大》 ……………………………………………………………（126）
第三节 中学曲目 ……………………………………………………………（133）
　　一、《舞蹈地带》 ……………………………………………………………（133）
　　二、《非我所爱》 ……………………………………………………………（136）
第四节 大学曲目 ……………………………………………………………（140）
　　一、《来吧，大家跳起来》 …………………………………………………（140）
　　二、《蓝色婚礼》 ……………………………………………………………（144）
　　三、《舞动的小提琴》 ………………………………………………………（149）

　四、《一起来跳舞》 ………………………………………（158）

　第五节　职工曲目 …………………………………………（161）

　一、《爱尔兰之魂》 ………………………………………（161）

　二、《一起快乐》 …………………………………………（165）

　三、《春天华尔兹》 ………………………………………（170）

　第六节　社区曲目 …………………………………………（174）

　一、《我的姑娘蒂莱拉》 …………………………………（174）

　二、《凯尔特猫咪》 ………………………………………（177）

参考文献 ……………………………………………………（182）

第一章 排舞运动概述

排舞（Line dance）是指站成一排排或者围着圈在音乐伴奏下通过自由的表现形式和不断重复规定的舞步组合来愉悦身心的一项健身运动。它以音乐为核心，通过风格各异的舞步组合循环，来展现世界各国民间舞蹈的多元文化魅力。排舞已经风靡世界，受到不同国籍、性别及年龄人们的参与和喜爱。目前，我国许多大中小学校已经把排舞列入学校体育教学大纲，成为学生课间操、课余体育锻炼和学校庆典表演的重要内容；许多工矿企业已经把排舞列入工人工间操、业余锻炼和节假庆典表演的重要内容。它对培养学生的音乐素养、提高其身体素质、了解世界文化、培养礼仪行为有重要的意义。本章重点阐述了排舞的起源与发展、分类与特点，以及排舞的锻炼价值，使学生对排舞的概况有一个基本的了解。

第一节 排舞运动的起源与发展

一、排舞运动的起源

排舞的起源，是了解和学习排舞知识的首要的基本问题。目前，关于排舞起源的研究在国内外还是空白。由于文献资料的匮缺，排舞究竟起源于何时、当时为何兴起是难以详考的。但我们可以根据目前掌握的舞蹈学、历史学和人类文化学成果，从历史发展中去寻求排舞的起源。排舞最早是派生于其他舞蹈活动中，包涵了许多舞蹈元素的风格特征，因此，排舞与多种舞蹈形式十分相似。例如，仅从排成一排排跳舞来说，像太平洋一些岛屿的草裙舞、英国莫理斯舞和美洲印第安人的舞蹈都有类似排成一排排跳的民间舞。由于排舞最早是在美国兴起，因而我们对排舞的追溯也就从美国开始。

排舞最早萌芽于美国西部乡村民间社交舞。因此关于排舞的起源，我们可以从社交舞的演进过程，对排舞的起源、性质和它的发展方向作一个合理的解释。

　　社交舞是起源于西方的一种舞蹈形式，又称舞厅舞、舞会舞或交谊舞。它来源于各国的民间舞蹈，是在古老的民间舞的基础上发展演变而成的。11、12 世纪，欧洲一些国家将一些民间舞蹈加以提炼和规范，形成了流行在宫廷中的"宫廷舞"，高雅繁杂，拘谨做作，失去了民间舞的风格，只在宫廷盛行，专供贵族习跳和欣赏，是贵族的特权。法国大革命后，宫廷解体，"宫廷舞"也进入了平民社会，成为社会中人人可舞的社交舞。1768 年，在巴黎出现了第一家舞厅，从此，交谊舞在欧洲社会中流行。由于受到宫廷舞的影响，交谊舞的风格庄重典雅，舞步严谨规范，颇具绅士风度，因而被称为欧洲学派的社交舞。

　　19 世纪初，由于美国的兴起，原来流行在欧洲的社交舞随着欧洲移民而传入美国。由于社交舞必须由男女相互结伴、按照方块或圆形的站位形式才能跳舞，这在很大程度上限制了喜欢跳舞却没有舞伴的人。因此，当时美国的一些社交舞俱乐部的舞者们意识到，跳舞时可以尝试着不用总是按照方块或圆形的站位形式男女结伴跳，大家可以单独跳或站成一排排跳，而这种不断的尝试即是排舞产生的最初萌芽。受此启发，当时美国西部乡村的一些民间舞俱乐部也尝试派生出类似排舞风格的舞蹈形式，并将这种舞蹈形式逐渐在全国传播开来。

　　此后，社交舞一方面向专业化和高技能化发展，成为表演性的舞台艺术和竞技性体育比赛登上大雅之堂；另一方面，社交舞走向社会，走向大众，成为人们健身娱乐和人际交流的一种形式。我们可以看到，从宫廷集体舞到交谊舞再到不用舞伴也可以跳的排舞，是朝着更自由、更灵活的大众化方向发展的。

　　到了 20 世纪 50 年代，当时美国的很多电视台都播放了带有排舞特征的舞蹈节目，这些电视台的舞蹈节目主持人也帮助传播了早期的排舞概念。但严格地说，这一时期的排舞还并不是真正意义上的排舞，只能被称为以排舞形式出现的社交舞或民间舞。

　　20 世纪 70 年代，随着多媒体音响技术的发明，迪斯科音乐再度在美国兴起，在迪斯科的舞台上，今天被称为"排舞"的舞蹈形式出现了。虽然现代排舞的真正诞生是在 20 世纪 80 年代早期，但在当时，在一些迪斯科俱乐部中开始出现了经过改编的"迪斯科排舞"。可以说，迪斯科音乐的兴起对现代排舞的诞生起了很大的促进作用。

　　20 世纪 80 年代早期，随着西部乡村音乐在美国的大流行，为配合西部乡村音乐的传播，作为今天被接受的现代排舞真正诞生了。在 1980 年，一个叫吉姆的美国人根据西部乡村舞曲编排了一支排舞。五个身着休闲西装、头戴皮草帽、脚穿旅游鞋的四十多岁的男子重复着向前走、向后退、踏步、踢腿、转圈等简单易学的舞步组合，并配合随意的身体动作充分演绎了美国西部乡村音乐的动感、随意、休闲。这个起源于 20 世纪 40 年代大乐队音乐风格的排舞，是第一个被知晓的有设计编排舞步动作的排舞。由于这一时期排舞都来源于美国西部乡村舞，在当时主要是为了配合和促进乡村音乐的发展，因此很显然的带有西部乡村音乐的烙印，这些被改编为排舞的西部乡村舞蹈被证明是现代排舞的正式诞生，也正因此，许多人认为现代排舞和乡村音乐是同义词（这也是排舞标志性的服装样式的来源）。

当然，排舞绝不是仅仅与乡村音乐紧密相联的，这一时期，还有许多排舞是配合当时一些其他的流行音乐，例如有摇滚音乐、流行歌曲和节奏布鲁斯曲风的音乐。

二、国际排舞运动的全面发展

20世纪90年代初，排舞进入了全面发展阶段。1992年，一个叫比利的美国乡村音乐人谱写了一首叫《Achy Break Heart》的歌曲，为了配合推广这首歌，比利委托别人帮他为这首歌编排设计了一支排舞，这首歌最终成为90年代最著名的乡村音乐之一，并被传播到世界各地[1]。这首歌的巨大成功也使配合推广这首歌的排舞广为人知，并随着乡村音乐被广泛传播到美洲、欧洲和澳洲等许多国家[2]。同时，配合乡村音乐编排的排舞热潮又一次掀起，许多著名的排舞都是这一时期的作品。

这一时期，排舞逐渐脱离乡村音乐的束缚，开始寻求大量其它风格的舞蹈和音乐。如拉丁舞、嘻哈舞、节奏布鲁斯、舞厅舞、爵士舞、踢踏舞等多种舞蹈形式，并随着特定的循环节奏交替旋转起舞。也正是这一时期，排舞大量吸取了体育舞蹈的舞步动作和编排模式，形成了自我风格特点的编排设计和舞步规范。例如，每支排舞都有固定的曲目名称和舞步组合节拍数，并逐渐形成了独一无二的舞步。

全世界最好听、最流行的歌曲几乎都被编成了排舞舞曲。如《童话般的初恋》《凯尔特猫咪》《一起快乐》《爱尔兰之魂》《卡萨布兰卡》《永恒的心》《大长今》《神秘东亚》《印度制造》等都是大家耳熟能详的歌曲。目前，全世界已经有5000多支排舞曲目，每一首曲目都有自己独一无二的舞步，同一首曲目全世界的舞步动作统一。在这个一致的舞步标准、多重的舞蹈元素组合与变化

---

①Bill bader. Dance styles and music styles of line dance [EB/OL]. http: //www. billbader. com, 2004.
②焦敬伟. 对新兴休闲运动"排舞"及其推广的研究 [J]. 广州体育学院学报，2007（7）.

下，舞者能跳出自己的个人风格，诠释属于自己的舞蹈，在世界各地享受以舞会友的乐趣。

排舞的音乐风格从美国西部乡村音乐到古典音乐、流行音乐、世界名曲甚至歌剧主题曲；舞蹈元素也从社交舞到体育舞蹈、爵士舞、踢踏舞、东方舞、街舞等当今流行的舞蹈形式。排舞运动正是不断地把各种舞蹈和音乐元素组合、变化、融合、优化、创新后，形成了今天这一内容丰富、风格多样的休闲健身运动。丰富多样的音乐形态是排舞创编的资源库，不断涌现的流行音乐是排舞创编永不枯竭的动力源泉。

作为一项参与人数最多、参与人群最广的运动，排舞屡屡刷新吉尼斯世界纪录。第一次于 2002 年在澳大利亚新南威尔士塔姆沃思镇，创下 6744 人齐跳排舞的纪录；第二次于 2002 年 5 月 1 日在新加坡展览中心创下 11967 人齐跳排舞纪录；第三次于 2002 年 12 月 29 日，在香港跑马地游乐场创下了 12168 人齐跳排舞纪录；最新一次于 2007 年 8 月 25 日在美国奥运会城市亚特兰大，创下了 17000 人齐跳排舞的新的吉尼斯世界纪录[①]。以舞会友、以舞交友、以舞健身成为参加排舞运动的又一魅力。如今，排舞已经成为一种国际健身语言，风靡世界，并成为世界上三大最具休闲健身性的健身项目之一。

三、我国排舞运动的兴起与发展

近年来，排舞逐渐在亚洲受到关注，在港台、日本、新加坡等地掀起了一股热潮后，2008 年"排舞旋风"在我国大陆强劲登陆。2008 年 8 月 8 日早晨 8 点 08 分，在天安门广场，800 名排舞爱好者身着奥运五环颜色 T 恤组成五个方阵，伴随着奥运主题歌曲《永远的朋友》《We are ready》，表演了具有中国特色的"排舞"，以表达对北京奥运会的祝福。此次活动是由奥组委、北京市人民政府批准，北京市体育局、北京市体育总会、北京市体操协会排舞专业委员会、美国 HOZ 公司共同支持下开展的，主要目的在于借助奥林匹克精神的感染力和北京奥运会的魅力，在第 29 届奥运会开幕式当天，展示风靡全球的排舞运动。本次活动的成功举办，对我国排舞运动的开展具有里程碑的意义。

2008 年北京奥运会后，排舞在我国得到迅猛发展，全国掀起了排舞健身热。全国 30 余个省市自治区都开始了排舞推广普及活动，并盛行于北京、济南、上

---

①焦敬伟. 对新兴休闲运动"排舞"及其推广的研究 [J]. 广州体育学院学报，2007 (7).

海、杭州、成都、南昌、江西、湖北等地。2009年，据媒体报道，湖北襄阳市早晚跳排舞的人数就达到了七八万；江西省已开办300个排舞班，比赛120多场次，跳排舞健身的职工已超出100万人；在浙江省嵊州市的各大广场、公园，每到晚上7点以后，就会有成群的市民聚在一起跳排舞，平均每天跳排舞的市民就能超过3万人；2010年上海市第13届运动会排舞比赛在上海体育馆结束，本次比赛共有28个队，514人参加。三年多来，已有上千万人参加排舞健身活动。

为推动中国排舞运动健康、规范、科学地发展，在四川环福体育经纪发展有限公司的倡导下，我国首届排舞研讨会于2010年12月在四川成都举行。来自全国各地的20多名排舞专家就国际排舞运动的开展现状、我国排舞运动发展方向等问题进行了研讨，确定了"排舞运动进校园、排舞运动进社区、排舞运动进机关企业，排舞运动进新农村"的我国排舞运动的推广策略，同时体操运动管理中心将排舞列为独立的竞赛项目。

为更好地普及与推广排舞运动，2011年3月成立全国排舞运动推广中心。2011年全国排舞运动推广中心分别在昆明、重庆、浙江、厦门、成都等地成功举行了30期全国及省市的各类骨干培训，受众人群10万以上，并于2011年11月4—8日在成都举行了首届"邮储银行杯"全国排舞大赛总决赛，来自全国96个单位的3500名运动员参加了比赛。比赛受到了社会企业、机关社区、学校的广泛关注和好评。

第二节　排舞运动的分类与特点

一、排舞运动的分类

目前国内外还没有关于排舞分类的研究，针对如此丰富的排舞内容，必须对其进行分类整理，才能更好地深入地了解它。

1. 按照舞步组合结构分类

按照舞步组合的结构可分为四大类：

（1）完整型排舞：不断重复固定的舞步组合。如果是2/4或4/4拍的音乐，舞步组合一般由32拍、48拍、64拍组成。如果是3/4拍的音乐，舞步组合一般由12×3拍或16×3拍组成。这种类型的排舞，无论是舞步动作还是方向变化都较为简单，因此多数属于初级水平的排舞。

（2）组合型排舞：由两个或更多的舞步组合构成，而且每一舞步组合的节拍数不一定相同。这种类型的排舞，并不按照一定的规律进行循环，有些组合重复，有些组合并不一定进行重复。

（3）间奏型排舞：在固定的舞步组合外，还有一个或多个不一定相同的间奏舞步。间奏舞步一般不超过一个八拍。通常，这一类型的排舞在学习时较难记忆，因此属于中等难度级别的排舞。

（4）表演型排舞：这种类型的排舞，舞步较复杂，并且没有固定的舞步组合，属于最高难度级别的排舞。

2. 按照舞步组合变化的方向分类

按照舞步组合变化的方向可分为两大类：

（1）两个方向的排舞：舞步组合结束后在相反的方向又开始重复这一舞步组合。即面向时钟 12 点的舞步组合结束后，面向六点又开始重复这一舞步组合。

（2）四个方向的排舞：每完成一次舞步组合，都在一个新的方向开始动作。一般按顺时针 12 点、3 点、6 点、9 点进行方向的变化，也可以按逆时针 12 点、9 点、6 点、3 点的方向进行变化。

二、排舞运动的特点

自 2008 年国家体育总局体操运动管理中心将排舞运动作为全民健身项目推广以来，排舞迅速成为中小学课间操、大专院校团体操、机关企事业单位工间操、社区居民广场操、农村田野坝坝操的主要内容。排舞以迅雷不及掩耳的态势成为当下时尚、休闲、娱乐、有效的健身项目之一。排舞运动能够迅速传播，相比其它的一些健身项目，有其自身的独特价值和个性特点。

1. 文化传承与文化创新的循环性

创新是排舞传承的根本动力，是保证排舞不断发展的重要法宝。从最初的方块舞、圆圈舞、宫廷舞到现在的东方舞、爵士舞、街舞，再到现在流行的排舞，充分体现了排舞对舞蹈文化、民族文化、音乐文化、体育文化的传承和创新。在多元文化的交融和撞击形成了今天这样丰富多样的排舞风格，而每一种风格也展现了一个民族的文化风采。桑巴风格的排舞展现了巴西文化，踢踏风格的排舞展现了爱尔兰民族文化，爵士风格的排舞展现了美国文化，探戈风格的排舞展现了阿根廷文化，街舞风格的排舞展现了流行文化，藏族风格的排舞展现了藏族文化，等等。排舞正是在对舞蹈文化、民族文化、音乐文化、体育文化传承的基础上而不断创新、不断推进的。并特别注重健身与娱乐的交汇，形成了独具特色的运动项目。传承中有创新，创新中不断传承，二者独立而统一，推动排舞协调发展。

2. 舞蹈元素与音乐风格的融合性

从排舞的产生与发展可知道，排舞最初来源于方块舞、圆圈舞、欧洲宫廷舞和当时流行的迪斯科舞蹈以及美国西部乡村的民族、民间舞蹈。随着时代的发展，排舞融入了越来越多时尚的舞蹈和音乐元素，在多种舞蹈和音乐元素组合、变化和不断创新之下形成了今天如此丰富多样的排舞曲目。在构成排舞的诸多要素中，舞步和音乐要素是最为重要的。可以说音乐是排舞的灵魂，舞步是音乐的外在表现形式。音乐节奏、旋律、和声与舞步、造型、组合的浑然一体，使音乐通过排舞诠释变成了"看"得见的艺术，而排舞通过音乐的表达也变成了"听"得见的艺术。

3. 舞步规范与自由形式的共存性

排舞是根据不同的音乐元素来表现不同舞种风格特点的一项健身运动，虽然排舞每首曲目的舞步全世界完全统一，并有固定的名称和节拍数，但对身体及手臂的动作并无统一要求。练习者可以根据个人喜好及对音乐的理解，诠释属于自己的舞蹈。无论是完整型、组合型、间奏型，还是表演型排舞曲目，其舞步组合不断循环，身体动作随韵律不断变化，练习者可以在排舞的规范和自由中，尽情发挥自己的想象，充分展示自己的个性特征和诠释排舞文化内涵。

4. 网络传播途径的充分运用

信息时代，网络在人们生活中的作用越来越重要，已被广泛运用在社会的各个领域。排舞得以全面迅速的发展，最大的原因是充分运用网络传播平台。全世界的排舞专家和爱好者充分利用网络传播平台，把创编好的曲目通过互联网上传到国际排舞协会的网站进行审批，国际排舞协会通过互联网发布审批通过的曲目，全世界的排舞爱好者又通过互联网学习排舞曲目。依靠网络平台，不断推出新的排舞视频、文字和图片作品，有利于宣传、推广和普及排舞，对排舞的全面发展起着十分积极的推动作用。因此，我们必须以积极的态度、创新的精神，利用网络平台大力发展和传播健康向上的排舞文化，切实把排舞网站建设好、利用好、管理好。

第三节　排舞曲目的风格

　　了解和掌握排舞曲目的风格形式，对提高排舞的技术有重要作用。根据音乐的旋律和主要舞步动作，归纳起来可分为十一类。

一、伦巴风格

　　伦巴源自"rumbear"一词，意为"聚会、舞蹈、玩得愉快……"它原是西印度群岛的一种包括了打击乐、歌唱、舞蹈艺术形式的通称。如在牙买加和海地，就有一种叫做"伦巴盒子"的原始乐器；而在古巴，则是一种民间舞蹈。伦巴舞是最古典的古巴舞蹈之一，已有一百多年的历史，但它最早与西班牙和非洲的舞蹈有着渊源关系。它是由早期的西班牙殖民者和非洲人将这种综合性的传统艺术带到了古巴，再经古巴土著人和移居者共同创造的民间舞蹈。伦巴舞的重要发展期虽然在古巴，但在加勒比群岛以及拉丁美洲等地也有类似的舞蹈发生。显然，伦巴舞蹈是一种多元文化的集合体。伦巴作为拉丁舞的"第一支舞"，同样是一种蕴含着"浓浓爱意"的舞蹈，也被称为"爱情之舞"。

　　与其他拉丁舞项目相比，伦巴的音乐和舞蹈都比较柔美抒情，舞者在如歌如梦的旋律中若即若离地翩翩起舞。伦巴舞的表演既要塑造男士剽悍刚强、气宇轩昂、威武雄壮的个性美，更要展现女士在舞姿的流转变换中所形成的身体的曲线美。古巴人有头顶东西行走的习惯，走路时要求上身平稳，而上面的重力和人体的支撑力则构成了相互对抗的关系。为了调节身体、步伐的平衡，胯部自然会产生向两侧扭摆。伦巴的舞姿恰好体现了这一动律特点，在平稳控制脊柱和两肩的同时，舞者的胯部动作要求呈横 ∞ 字形摆动，胯部的摆动看起来还要轻快而柔和，这是身体重心经由一只脚向另一只脚推移而形成的，也就是通常所说的"稳中摆"动律。当动作连贯起来，给人以连绵不断的横向摇摆的视觉效果，舞姿就自然凸显出婀娜多姿的风格，从而形成伦巴独特的动律特征。而这种摆动还要突出一种切分节奏，即在音乐节奏的一拍中完成动作时，胯的摆动多在后半拍中出现。这样的动律正是构成伦巴舞蹈的特殊情感及风格的重要元素。

　　伦巴风格的排舞舞曲是一种很完美、富于情感的音乐，它的律动中充满着激情、快乐、自由……其音乐节奏为舒展的 4 / 4 拍，速度为每分钟 27~31 小节。其音乐节奏为舒展的 4 / 4 拍，速度为每分钟 27~31 小节，节奏是2–3–4&1。舞蹈在四拍中走三步，节奏为快快慢，快步一拍一步，慢步两拍一步。舞步要求节奏准确、动作敏捷，无论快步或慢步都是半拍到位。胯部的摆动要求走三步摆三次，摆动时快步占一拍，慢步占两拍。夜曲式的演奏气氛使伦巴舞曲充分释放出浪漫情调，这恰好与伦巴舞蹈中的缠绵妩媚、悠然抒情的风格相吻合。

二、恰恰风格

恰恰最早在 20 世纪 50 年代初期的美国舞厅中出现。恰恰步法花式多姿多彩，给人一种明朗轻快、欢乐逗趣的感受，可以使舞者特别兴奋，跳这种舞步还能够带来特别浓厚的聚会氛围，它具备了一切流行舞蹈的潜质和特点，出现后很快就带来一股席卷全美的恰恰舞狂潮。恰恰是从一种名叫曼波舞的舞蹈衍生而发展起来的。源自于加勒比海岛国古巴和海地的曼波舞的名字来自一位女祭司的名字，她集村中的政治顾问、医生、占扑先知、驱魔和公共活动的组织者于一身。据说这位女祭司可以让人们产生幻觉，在大家娱乐甚至是宗教活动中表现出不同寻常的狂热状态而自我满足。曼波舞曲以 4 / 4 拍为主，节奏强劲，舞风奔放，野性，胯部的扭摆把舞者的情感在动感的鼓点音乐中表达和发泄出来。由于曼波舞能够充分释放人们的热情，带有很强的刺激性，与传统宗教文化产生了很大的冲突，在当时还一度被拉丁美洲当地的教会认为是低俗的代表。而曼波舞是很多舞蹈种类的起源，因此它在舞蹈界中的地位非常重要。但是曼波舞的舞蹈步伐非常繁琐，导致很多喜欢它的人学习起来十分困难，从而一度成为了表演艺术。表演艺术最大的弱点就在于不能在大众中普及，而这一切在 20 世纪 50 年代发生了很大变化。舞者在跳曼波舞的过程中戏剧性地加入了一个跳跃步伐，与之配套的音乐也在第二小节的第一个音符后添加了一个切分音，使之成了三连音的形式。这一小小的改动却出乎意料地得到了大家的喜爱，也创造了风靡世界的一个新舞种，这就是恰恰。恰恰最初被称为"恰恰恰"便是这一节奏的形象体现。

恰恰舞者第一拍动胯，第二拍动脚。初学者不可只注意动作和步法而忽视了乐曲节奏的掌握，否则踏错了起步的节拍，将会使脚步与节奏一错到底。恰恰的基本舞步始终保持着爵士步的重心特点，即重心在直的那条腿上，这样才能跳出紧凑利落的舞步。跳每个舞步都应该在前脚掌施加压力，膝部稍屈，当重心落到某只脚上时，脚跟放低，膝部伸直，胯部随之向侧后方摆动，另一条腿放松屈膝。恰恰舞十分注意腰胯的扭动，胯的节奏练习是重要的基本功之一，胯部的摆动要明显，只是在跳快步时可不必强调。

恰恰风格的排舞音乐曲调欢快，充满热情和原创精神。它的旋律节奏通常是短音或是跳音，并加有断音奏法，使舞者能给观众制造出"顽皮般"的气氛。恰恰风格的排舞舞曲为 4 / 4 拍，最理想的节拍是每分钟 32 小节。它的舞步每小节四拍走五步，慢步一拍一步，快步一拍两步，节拍数法有："慢、慢、快快、慢"或"踏、踏、恰恰恰"。恰恰风格的排舞容易掌握，适合男女老幼和各种舞蹈基础的人去练习，成千上万的人正享受着它带来的乐趣。

三、桑巴风格

桑巴起源于巴西里约热内卢，是一种人气十足的民间舞蹈形式，又被誉为巴西的国舞。巴西的狂欢节为桑巴舞的传播起到了非常重要的作用。桑巴是一种集体性的交谊舞蹈，参加者少则几十人，多则上万人。舞者围成圆圈或排成两行，边唱边舞。鼎沸的鼓声、狂放的舞姿、不停舞动的身躯，给人以激情似火的感觉。桑巴属于"游走型"舞蹈，舞步动律感较强，需在全脚掌踏地和半脚掌垫步之间交替完成，并通过膝、踝关节的屈伸、弹动，使全身前后摇摆，就像在模仿南美椰树林的随风摇摆，尽显摇曳震颤之美。有人说，跳桑巴舞时，身体感觉就像在拧毛巾。这主要是针对舞者胯部的动作要求具有侧倾、摆荡的特点，而且其动律力求做得自然流畅，当然，这些动作是需要整个身体为之协调配合来完成。许多人对桑巴舞的印象就是"挑逗、性感、健美……"的确，它就像是一种诱惑，一种嬉戏。为了将桑巴舞的特点展现出来，在舞步中正确运用身体重量与地心引力，从而产生"很沉"的重心。舞者肢体的柔韧性对拓展身体的表现力、在强烈的旋律节奏中充分体现出舞蹈美感有极为重要的作用。

桑巴风格的排舞舞曲的节奏为 2 / 4 拍或 4 / 4 拍，每分钟约 50~52 小节。音乐风格欢快而热烈，具有浓郁的非洲黑人音乐的风格和韵味，且有着特别的动感。巴西桑巴音乐大多由纯正的拉美乐器演奏，尤其是富有巴西特点的桑巴鼓演奏，其个性化的鼓点节奏代表着鲜明的音乐审美取向。鼓和舞蹈是桑巴风格排舞中不可分离的因子，正是那声声震耳欲聋的鼓声，为舞蹈增添了无限的热情和动感。

四、探戈风格

迄今为止，关于探戈舞的起源众说纷纭。有的观点认为，探戈取自西班牙的古拉丁语，它起源于西班牙，由西班牙殖民者传至阿根廷；有的观点认为，探戈是西班牙文 Tango 的译音，不过它最早可追溯至非洲的一种民间舞蹈形式探戈诺舞。早在 19 世纪，许多非洲国家、西班牙等欧洲国家的移民进入阿根廷，聚集在阿根廷首都布宜诺斯艾利斯。每当夜幕降临，这些来自不同国家的移民便时常相聚饮酒作乐，互诉异乡生活的寂寞与思念。共同的生存环境促使这些原本来自不同国家的舞蹈艺术形式也有了相互融合的契机，最终形成了"探戈"，是由一种"带有停顿的舞蹈"发展而来的。从此，探戈舞在阿根廷逐渐生根开花，并被阿根廷人视为国粹。探戈舞最早产生于布宜诺斯艾利斯的平民阶层中，没有华丽的服装，也没有绚丽多彩的舞台和灯光，只是在探戈舞蹈的表演中充满了娱乐和刺激……观众也都是当时出卖苦力的下等人。然而，随着城镇生活丰富多彩的变化，随着探戈舞在美洲大陆的广泛传播，其舞蹈形式与风格开始受到了许多拉美国家甚至欧洲国家的影响，由此发展出许多不同的探戈舞类型。如阿根廷探戈、墨西哥探戈、西班牙探戈、英国探戈、意大利探戈，等等。

探戈，被誉为阿根廷国粹。阿根廷探戈，是当今各类探戈舞蹈的祖源。阿根廷人认为，探戈就像男人和女人之间的一种争斗，而相互间激情似火的目光以及对抗性的身体接触，才是探戈舞蹈的灵魂。探戈舞是一种较为内敛的、甚至是充满忧伤思绪的舞蹈。当人们跳起这类舞曲的时候，既不欢笑也非纵情，而是一种沉稳内敛、含蓄的激情。在探戈舞的旋律、节奏以及舞步中，始终流淌着阿根廷民族的血液，它的激情具有一种征服的力量，永远也找不到那些极度的奔放与诱惑。有的人说，探戈是一种舞蹈，也是一种文化，还是一种人生的方式。

别具一格的探戈风格的排舞舞曲节奏为 2/4 拍，具有抑扬顿挫、铿锵有力的特征。舞曲的旋律弥漫着无尽的深情与忧伤，更充满着浓郁的生活气息。在舞曲抑扬顿挫的变换中，舞步更是显示动静结合、快慢有序、欲进还退的丰富变化。其显著的舞步特点为"蟹行猫步"，即舞步前进时，舞者要横向移动；而舞步后退时，舞者要横向向前斜移。在探戈风格的排舞表演中，舞者的眼神中闪烁着时而深邃灵动、时而左顾右盼的目光，那沉稳潇洒的舞姿中更是透露着几分令人热血沸腾的神秘色彩。

五、华尔兹风格

华尔兹是一种三拍子的舞蹈，又称圆舞、慢华尔兹、波士顿华尔兹。从它的名称我们就能够感受到华尔兹舞蹈的律动特征。华尔兹舞蹈的最大特征就是"旋转"，而旋转中的舞姿则是雍容而华贵的，舞蹈风格更呈现着温馨而浪漫的格调。

因此，华尔兹曾被誉为"舞中之后"。关于华尔兹的起源有多种说法，有人认为，它与欧洲土风舞有一定的渊源，这种舞蹈中的一部分由美国传播至英国，最终成为摩登舞中的华尔兹；而另一部分则流传在欧洲中部，仍保持土风舞特有的传统风格，最终构成了维也纳华尔兹。还有理论观点称，华尔兹和维也纳华尔兹都起源于一种叫沃尔塔的舞蹈。由于舞蹈节奏、速度的变化，最终分为慢华尔兹和快华尔兹，即华尔兹和维也纳华尔兹，也就是我们常说的慢三与快三。

华尔兹风格的排舞舞曲节奏是 3 / 4 拍，其节拍速度每分钟 30~32 小节，三拍子音乐为"篷嚓嚓"，节拍呼数为 1，2，3；2，2，3；3，2，3；4，2，3……每拍一步，第一拍为强拍，第二拍为次强拍，第三拍是弱拍。

六、波尔卡风格

波尔卡为波西米亚语中的"半"字演化而来。舞者们常站成一个圈，舞步很小，半步半步轻快活泼地跳，因而得名。波西米亚的史学家们认为它是由一位农家少女在星期日为自娱而发明的。波兰人则认为波尔卡源于自己的文化，还有融合波兰马祖卡的"马祖卡式波尔卡"即波尔卡马祖卡。波尔卡舞也属于方舞的一种，又称"方阵舞"、"卡德利尔舞"。方舞是由四对或四对以上舞伴站成四方形进行舞蹈的民间舞，源于英国乡村舞的肯塔基跑步舞和法国科蒂荣舞。18 世纪时舞蹈家把欧洲最新的舞步教给了几位美国殖民地人，这些美国人西移至阿巴拉契亚山脉甚至更远时，把舞蹈也带到了那里。他们修改音乐、变换风格，根据当地习俗调整并创造新舞步。美国方舞受爱尔兰、苏格兰、法国乃至墨西哥舞蹈等的影响，变化更丰富。

1833 年波尔卡首次进入布拉格舞厅。1840 年，布拉格的舞蹈教师在巴黎奥德翁剧院表演波尔卡，一举成功。巴黎的舞蹈大师们又把它改编成一种有 5 个花样的舞蹈，深受公众喜爱。从此，波尔卡一下子闯进了巴黎众多的沙龙和舞厅，形成流行热，唤起许多与跳舞无缘的年轻人。所有舞蹈院校一起上阵教授波尔卡也满足不了人们的学舞要求。1844 年，巴黎的舞蹈教师采拉里乌斯在伦敦教授该舞蹈，波尔卡又风靡全英国，从温莎堡到小城镇的舞会，都有波尔卡舞曲的旋律在回荡。捷克民族音乐的奠基者、作曲家斯美塔那最先将这种舞曲的形式用于器乐和歌剧创作。斯美塔那的《被出卖的新娘》和魏恩贝格尔的《风笛手什万达》等歌剧中也都运用了波尔卡舞。19 世纪中叶，波尔卡在英美等国，与华尔兹一道取代了乡村舞和科蒂林舞。当时正值首届世博会在英国举办，世博会以接受新事物著称，来自民间、流行不久的波尔卡自然顺畅地跳进了首届世博会。波尔卡热也带动了其他中欧舞蹈的流行，如舞步相对较简单的加洛普、波洛奈兹、雷多瓦、马祖卡、斯科蒂克等。由于这些舞蹈的流行和普及，舞厅里还出现了一些上述舞蹈组合起来的舞蹈，大大丰富了舞厅舞的品种和样式。

七、踢踏舞风格

踢踏舞是世界各地都有的一种以丰富的脚点变化为主要特色的舞蹈。亚洲、非洲、欧洲、美洲，世界各地几乎都拥有着自己的踢踏舞形式。虽然在世界各地踢踏舞有不同的风格，但处于主流地位的欧美踢踏舞主要有两大分支：美式踢踏舞和爱尔兰踢踏舞。

美式踢踏舞形成于 20 世纪 20 年代左右，当时爱尔兰移民和非洲奴隶把他们各自的民间舞蹈带到美国，逐渐融合形成了新的舞蹈形式。美式踢踏舞起源于美国社会的下层民众，是一种爱尔兰民间舞蹈和非洲黑人舞蹈的融合。这种流派的形式比较自由开放，没有很多的程式化限制。舞者不注重身体的舞姿，而是炫耀脚下打击节奏的复杂技巧，他们常常聚在街头互相竞技。其整体舞风朴实散漫。后来，在长期的发展中，不断受到诸多因素的影响，其中最重要的影响是爵士乐的影响，踢踏舞吸收了爵士乐音乐节奏、即兴表演等元素，更具自娱性、开放性、挑战性。表演这种舞蹈时，舞者需着特制的踢踏舞鞋，用脚的各个部位在地板上摩擦拍击，发出各种踢踏声，加上舞者潇洒自如的舞姿，从而形成美国踢踏舞特有的幽默、诙谐和表现力非常丰富的艺术魅力。

随着爱尔兰踢踏舞晚会《大河之舞》的风靡全球，带有爱尔兰风格的踢踏舞一时间在全世界传播开来。爱尔兰踢踏舞蹈，真正的名称应该为 "Irish dance – Hard shoes dance"，意思是指通过穿着特质的带有木底或铁掌的舞鞋，利用脚的各个部位在地板上摩擦、拍击发出各种各样清脆利落的踢踏响声。有人说，踢踏舞是一种被用来听的舞蹈形式。的确，一位伟大的踢踏舞表演者更是一位节奏感强的音乐家。在一些国际踢踏舞比赛中，评委们甚至根本不看舞蹈演员的表演，而是靠听他们打击节奏的轻重缓急来判断舞者的功力。所以，节奏是否清晰、动作是否准确，成为衡量一位优秀踢踏舞者的标准。

在踢踏舞风格的排舞练习或表演过程中，舞者上身保持直立挺拔，两臂自然下垂贴于臀部。这类风格的排舞舞曲音乐也多运用节奏鲜明、轻松欢快的传统爱尔兰民间音乐。音乐节拍在每分钟 140~154（拍）之间，完整的节拍呼数为"1，2，3，4，5，6，7，8"或"1&2&3&4，5&6&7&8"。

八、东方舞风格

东方舞是一种流传在中东阿拉伯地区的女性舞蹈，由于这种舞蹈主要以人体中部（腹部、腰部和臀部）的各种动作为主，在服饰上又暴露出肚皮，因而被俗称为"肚皮舞"。东方舞来自上古时期人们对大地、自然力及神似的崇尚之情。不同区域的东方舞，自然拥有各自独特的风格特色。埃及风格拥有宫廷舞蹈的优雅，强调对肌肉的控制，有内敛、含蓄的埃及味道；土耳其风格则动作较为大胆、奔放，胯部的动作非常夸张，而且穿着比较暴露，给人以很强的视觉冲击力；印度风格是妩媚多姿而且色彩鲜艳斑斓，加入了印度特有的手势（如五指张开，无名指和小指向掌内弯曲）等，同时音乐也会体现出很强的印度风味。东方舞是非常女性化的舞蹈形式，随着变化万千的各种节奏，摆动腹部、舞动臀部、胸部，这些动作，成为东方舞独有的传统舞技。

作为一种优美的身体艺术，带着东方舞风格的排舞通过骨盆、臀部、胸部和手臂的扭动以及令人眼花缭乱的胯部摇摆动作，塑造出优雅性感柔美的舞蹈语言，充分发挥出女性身体的阴柔之美。

九、爵士舞风格

爵士舞是一种集芭蕾舞、现代舞、非洲舞蹈、歌舞厅舞蹈、剧场舞蹈、社交舞和印度民间舞于一身的"多元表演舞蹈"。美国的流行舞蹈可以用一个名字来代替，它就是"爵士舞"。美国流行舞蹈百年来的发展可以看作是爵士舞的发展变迁，只是在不同的阶段和时期，爵士舞呈现出了不同的风貌，因而，爵士舞是一种最具美国风格的社交舞和舞台舞蹈。作为一种社交舞，爵士来自于19世纪或更早时期的黑人舞蹈节奏，所以带有浓厚的黑奴文化背景。大约1910年，以"蛋糕步"和"火鸡步"为主要特征，这些经过白人改良以后的舞步逐渐冲淡了黑人舞蹈的色彩，成为了一种白人社交舞。不过查尔斯顿、吉特巴舞、摇摆舞也渗透了非洲和早期奴隶的舞蹈动律。其他的舞蹈如狐步舞这种欧洲的双人舞也增加了爵士的动律。在100年的发展中，作为社交舞的爵士舞经过了多个发展时期甚至还由此衍生出了许多其他的舞种，比如迪斯科、霹雳舞、街舞等。同时，作为一种舞台舞蹈，爵士舞也吸收了19、20世纪早期的剧场舞蹈形式，比如明斯特里秀、歌舞杂耍、歌舞时事讽刺剧，以及早期美国音乐喜剧等。1904年以后，美国的剧场舞蹈发生了巨大的变化，20世纪50年代和60年代，一种吸收了芭蕾、现代舞、踢踏舞的舞蹈形式使剧场爵士的面貌有了很大的改观。舞蹈强调了身体的线条、躯干的柔韧性和节奏感、动作重心偏低、双脚基本是一种平行的状态，不同于芭蕾的双脚外开、身体局部动律的强化。剧场爵士经过了半个世纪的发展，已经形成了不同的爵士舞体系，但是每个体系之间并非完全独立，而是互相联系，相互影响的。跳爵士舞需要有扎实的基本功，加上心灵身体的全情投入才能把精髓表现出来。作为一种代表美国精神的舞蹈，爵士舞在发展过程中形成了以下一些特点：切分节奏、自然朴实、身体蜷缩、模仿动物、即兴、强调身体局部动作和多种节奏等。爵士乐可以说是欧洲文化与非洲文化的混合体，它吸收了布鲁斯和拉格泰姆音乐的特点，以丰富的切分节奏和自由的即兴演奏形成了爵士乐显著的特点。

爵士舞风格的排舞动作有着幅度大而简单的舞步，能够表现出复杂的舞感；身体延展的同时还要有极强的控制力和爆发力，从而体现舞者的热情与奔放。

十、街舞风格

街舞与说唱、DJ涂鸦都是嘻哈（Hip-Hop）文化元素，同属街头文化。不过这些元素早已成为当今社会的流行时尚，嘻哈风格甚至也成为全球重要的流行产业，这种流行文化的符码弥漫在了社会的各个角落，影响着很多年轻人的个性和行为方式。

极具自由风格与即兴色彩的街舞，最早源于20世纪70年代的美国纽约街区，是由美国黑人创造的街头舞蹈。随着世界各国多元文化的交流，街舞已迅速成为一种世界性的时尚舞蹈潮流。尤其在传入日本、韩国后，逐渐丰富了原有街舞的种类以及表演方式，这种街舞文化的变体又直接影响到其他亚洲国家对街舞的认识。

有人认为喜欢跳街舞的人痞气实足，难登大雅之堂，殊不知在那种宽松肥大的舞服、个性夸张的饰品包装下，我们看到的不仅仅是令人眼花缭乱的舞蹈动作，更重要的是人与舞蹈的志趣合一，是街舞文化赋予人们的一种轻松洒脱的风格和积极进取的生活态度。

"竞赛精神"是街舞文化中的重要内容，也是嘻哈文化中的精髓。无论在街头、公园还是广场，我们经常看到舞者们激烈斗舞的情形，然而这种斗舞追求的不完全是胜负之别，而是一种技艺切磋与合作。作为一种流行文化，街舞的竞赛精神及特有的千变万化的个性风格，与这个现实社会的时代节拍有着巧妙的关联，这也是它之所以风靡世界的原因之一。街舞文化已经逐渐成为一种全球现象，它的动感与时尚、挑战与创新吸引更多的人来亲身体验其中的乐趣。

街舞风格的排舞动作幅度较为夸张，爆发力强，头、颈、肩、上下肢以及躯干等关节的屈、伸、摇、摆、扭、振等动势自由变化极为丰富。旋律节奏超酷的经典音乐拍打着人们的神经，给人以活力四射、激情澎湃之感。

十一、藏族舞风格

藏族民间舞蹈是农牧文化和宗教文化融合而成的舞蹈艺术形式。其风格特点体现在舞蹈形象的动作刻画上，表现在伴唱曲调的旋律特征和歌词上。藏族民间舞的基本特征包括松胯、弓腰、屈背（向前倾），这一体态特征既有受压迫的宗教心理痕迹，更主要来自劳动者为减轻体力负担的自我身体调节，带有较强艺术性的创造。另一个特征为"一边顺"，指的是舞蹈者以腰部为主动，手和脚同出一侧所形成的"一顺儿"舞蹈动律，形成一种高原特有的姿态优美、妩媚动人的体态特征。

藏族舞风格的排舞的动律特征表现在膝部上分别有连绵不断的或小而快、有弹性的颤抖，或连绵柔韧的屈伸，呈现出速度、力度、幅度的不同。连绵不断的颤动或屈伸，在舞步上形成的重心移动，带动了松弛的上肢运动。上身动作也与膝关节保持相适应的动作动律特点，将多流动、多变化的下身动作与上身动作相随，形成自如悠然的舞蹈风格。

第二章　排舞运动术语

排舞术语是排舞理论和技术等方面的专门用语。它以简明、扼要的词汇，准确而又形象地反映出排舞的舞步形式和技术特征。排舞术语是在排舞的演变和发展过程中不断完善的，它来自排舞实践又指导排舞实践，是排舞教学、交流不可缺少的工具。

第一节　排舞术语特征及其创立原则

一、排舞术语的基本特征

为了便于书写、学习、交流、运用和推广排舞运动，在实践中排舞术语应具有下列特征：

1. **专业性特征**

术语是表达排舞的特殊概念的，所以通行范围有限，应体现出较强的专业水准。

2. **统一性特征**

术语作为一种交流专业知识的工具，在教学、训练中无论是讲述动作要领、交流训练体会、制定训练计划，还是编写教材、教学大纲、进度、教案以及科研等活动，都需要运用术语，这就要求所用术语必须是统一的，并且是规范的。

3. **科学性特征**

正确的术语既能反映动作的基本形态，又能形象地描述动作的基本特征，是对所述动作技术的一种理解，这就要求所用的术语具有较严格的逻辑性和科学性。科学的术语能加深对动作的理解，有利于动作技能的形成，对教学训练起到积极的促进作用。

4. 实践性特征

排舞运动的群体性使得排舞术语的运用较宽广，不仅有广大的教师（教练员）、学生（运动员），还有机关企业干部、社区群众、国际友人等众多的排舞爱好者。因此，术语的选词必须通俗、易懂，以利于排舞运动的开展。

二、创立排舞术语的原则

排舞术语是在专业理论与技术实践活动中，反映客观存在的运动形式和技术特征的基本工具。在其创立和运用中应遵循下列原则：

1. 简练性原则

简练性是指所形成的概念或动作名称的词语应简明、扼要、精炼，反映出术语最本质的特征。

2. 准确性原则

准确性是指用语力求准确、严谨、形象，能明确地反映动作及动作过程。

3. 易懂性原则

易懂性是指术语应通俗易懂，便于理解，便于记录，易为人们所接受。

4. 组合性原则

组合性是指术语能按规定的形式和顺序进行组合，形成各种动作名称。

5. 适用性原则

适用性是指所用的概念和动作名称既要符合我国当前的习惯，又必须与国际用语相适应，以利于术语的推广应用和国际交流。

第二节　排舞运动基本术语

排舞的基本术语是构成舞步、组合、成套动作的基本要素。主要包括动作方向、动作方法和动作相互关系术语。

一、动作方向术语

动作方向是指人体或人体某一部分运动的指向或位置。为了正确地辨别身体方向和检查动作旋转的角度，方便理解和记忆套路动作，国际排舞协会规定以时钟的方向作为运动方向。因此，动作方向的参照体前者是时钟，后者是人体，如图 2-1 所示。

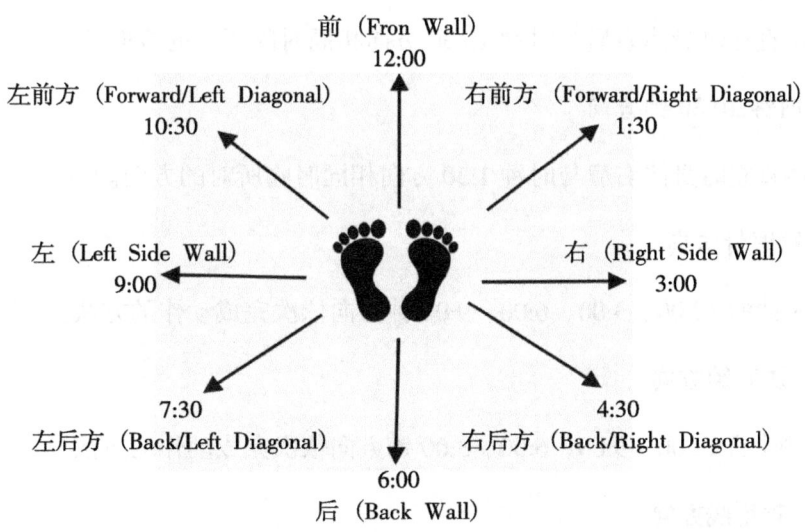

前（Fron Wall）
12:00

左前方（Forward/Left Diagonal）
10:30

右前方（Forward/Right Diagonal）
1:30

左（Left Side Wall）
9:00

右（Right Side Wall）
3:00

7:30
左后方（Back/Left Diagonal）

4:30
右后方（Back/Right Diagonal）

6:00
后（Back Wall）

图 2-1　动作方向术语图

1. 时钟 12:00 钟方向

人体直立时胸部所对的方向。

2. 时钟 3:00 钟方向

人体直立时右肩所对的方向。

3. 时钟 9:00 钟方向

人体直立时左肩所对的方向。

4. 时钟 6:00 钟方向

人体直立时背部所对的方向。

5. 时钟 1:30 钟方向

人体直立时身体左肩与时钟 10:30 方向相同时胸所对的方向。

6. 时钟 4:30 钟方向

人体直立时身体左肩与时钟 1:30 方向相同时胸所对的方向。

7. 时钟 7:30 钟方向

人体直立时身体右肩与时钟 10:30 方向相同时胸所对的方向。

8. 时钟 10:30 钟方向

人体直立时身体右肩与时钟 1:30 方向相同时胸所对的方向。

9. 顺时针方向

按时钟的 12:00、3:00、6:00、9:00 钟方向依次完成动作的方法。

10. 逆时钟方向

按时钟的 12:00、9:00、6:00、3:00 钟方向依次完成动作的方法。

11. 对角线方向

指右前方、左前方、右后方、左后方方向。

12. 向前

向时钟 12:00 方向做动作。

13. 向后

向时钟 6:00 方向做动作。

14. 向右

向 3:00 方向做动作。

15. 向左

向时钟 9:00 钟方向做动作。

16. 右前方

向时钟 1:30 方向做动作。

17. 左前方

向时钟 10:30 方向做动作。

18. 右后方

向时钟 4:30 方向做动作。

19. 左后方

向时钟 7:30 方向做动作。

二、动作方法术语

（一）平衡步 （Balance Step）

由三拍构成的舞步动作，常用于华尔兹风格的排舞。常用的有：右前进平衡步、左前进平衡步、右后退平衡步、左后退平衡步、1/2 向右平衡步、1/2 向左平衡步。

1. 右前进平衡步：1 拍右脚向前一步，重心在右脚；2 拍左脚向前一步，重心在左脚；3 拍右脚原地一步，重心在右脚。

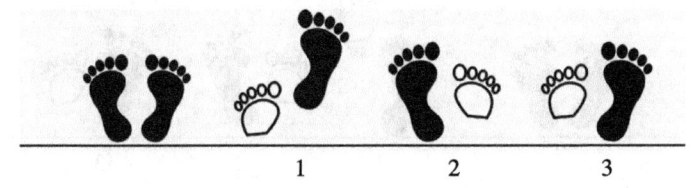

图 2-2 右前进平衡步

2. **左前进平衡步**：1 拍左脚向前一步，重心在左脚；2 拍右脚向前一步，重心在右脚；3 拍左脚原地一步，重心在左脚。

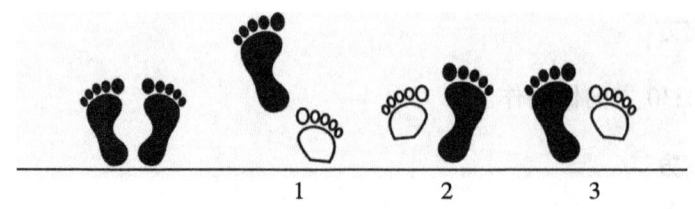

图 2-3　左前进平衡步

3. **右后退平衡步**：1 拍右脚向后一步，重心在右脚；2 拍左脚向后一步，重心在左脚；3 拍右脚原地一步，重心在右脚。

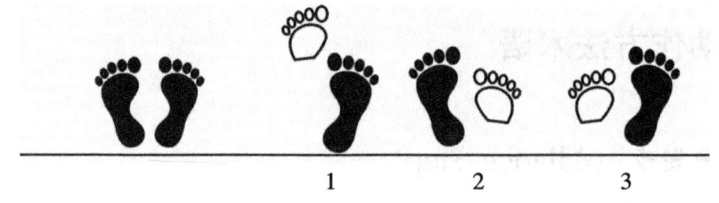

图 2-4　右后退平衡步

4. **左后退平衡步**：1 拍左脚向后一步，重心在左脚；2 拍右脚向后一步，重心在右脚；3 拍左脚原地一步，重心在左脚。

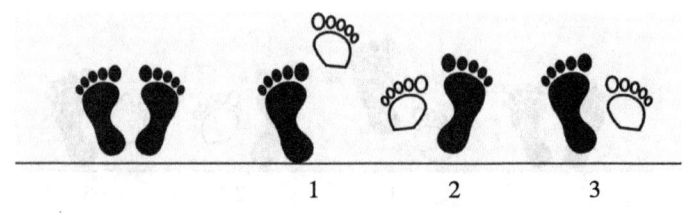

图 2-5　左后退平衡步

5. **1/2右平衡步**：1拍右转1/4同时右脚向前一步，重心在右脚；2拍右转1/4同时左脚向左一步，重心在左脚；3拍右脚原地一步，重心在右脚。

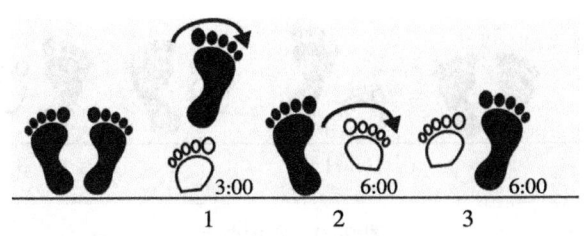

图2-6　1/2右平衡步

6. **1/2左平衡步**：1拍左转1/4同时左脚向前一步，重心在左脚；2拍左转1/4同时右脚向右一步，重心在左脚；3拍左脚原地一步，重心在左脚。

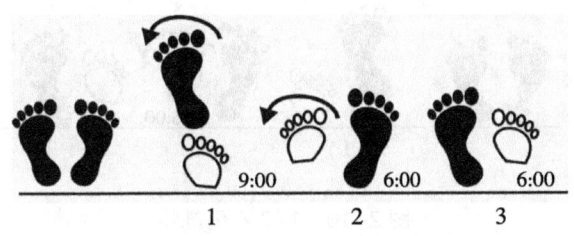

图2-7　1/2左平衡步

（二）闪烁步（Twinkle）

由3拍构成的舞步动作，常用于华尔兹风格的排舞。常用的有：右闪烁步、左闪烁步、1/2右闪烁步、1/2左闪烁步。

1. **右闪烁步**：1拍右脚在左脚前交叉，重心在右脚；2拍左脚在右脚旁，重心在左脚；3拍右脚原地一步，重心在右脚。

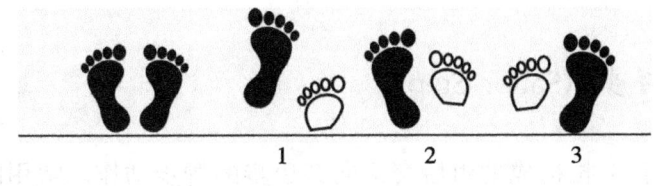

图2-8　右闪烁步

2. **左闪烁步**：1 拍左脚在右脚前交叉，重心在左脚；2 拍右脚在左脚旁，重心在右脚；3 拍左脚原地一步，重心在左脚。

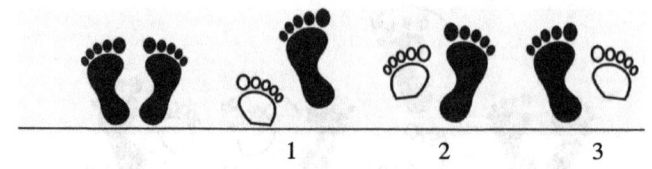

图 2-9　左闪烁步

3. **1/2 右闪烁步**：1 拍右脚在左脚前交叉，重心在右脚；2 拍右转 1/2 同时左脚向后一步，重心在左脚；3 拍右脚向右一步，重心在右脚。

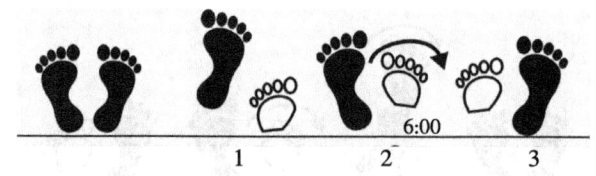

图 2-10　1/2 右闪烁步

4. **1/2 左闪烁步**：1 拍左脚在右脚前交叉，重心在左脚；2 拍左转 1/2 同时右脚向后一步，重心在右脚；3 拍左脚向左一步，重心在左脚。

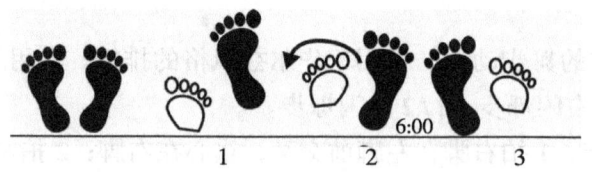

图 2-11　1/2 左闪烁步

（三）水手步 （Sailor Step）

2 拍和 1 个 & 拍构成的由后交叉向旁迈步的舞步动作。常用的有：右水手步、左水手步。

1. **右水手步**：1拍右脚在左脚后交叉，重心在右脚；&左脚在右脚旁，重心在左脚；2拍右脚向右一步，重心在右脚。

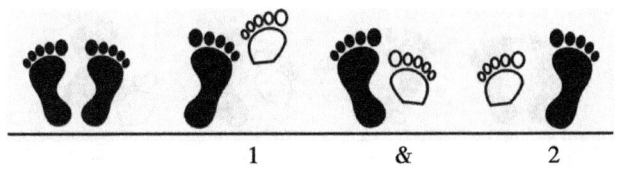

图 2-12　右水手步

2. **左水手步**：1拍左脚在右脚后交叉，重心在左脚；&右脚在左脚旁，重心在右脚；2拍左脚向左一步，重心在左脚。

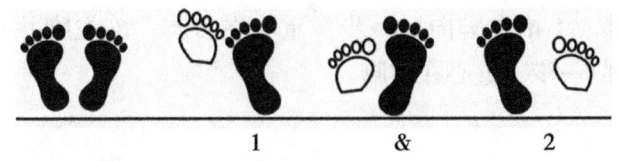

图 2-13　左水手步

（四）**剪刀步**（Scissors Step）

由2拍和1个&拍构成的动作结束时两脚形成交叉状的舞步动作。常用的有：右剪刀步、左剪刀步。

1. **右剪刀步**：1拍右脚向右一步，重心在右脚；&左脚在右脚旁，重心在左脚；2拍右脚在左脚前交叉，重心在右脚。

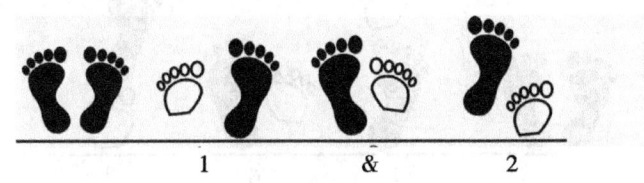

图 2-14　右剪刀步

2. 左剪刀步： 1 拍左脚向左一步，重心在左脚；& 右脚在左脚旁，重心在右脚；2 拍左脚在右脚前交叉，重心在左脚。

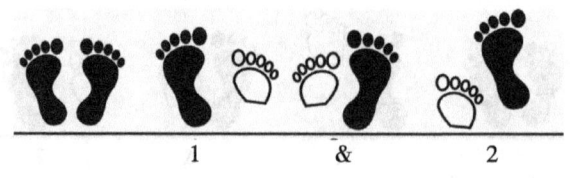

图 2-15　左剪刀步

（五）海岸步 （Coaster Step）

由 2 拍和 1 个 & 拍构成的退并前的舞步动作。常用的有：右海岸步、左海岸步。

1. 右海岸步： 1 拍右脚向后一步，重心在右脚；& 左脚并右脚，重心在左脚；2 拍右脚向前一步，重心在右脚。

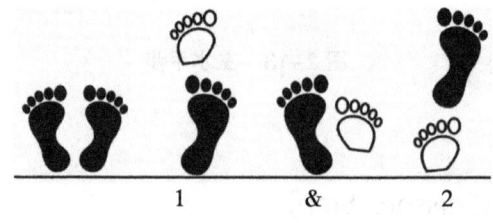

图 2-16　右海岸步

2. 左海岸步： 1 拍左脚向后一步，重心在左脚；& 右脚并左脚，重心在右脚；2 拍左脚向前一步，重心在左脚。

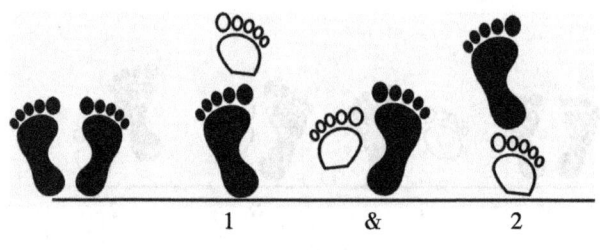

图 2-17　左海岸步

（六）曼波步（Mambo Step）

由 2 拍和 1 个 & 拍构成髋部快速摆动的舞步动作。常用的有：右脚向前曼波步、左脚向前曼波步、右脚向后曼波步、左脚向后曼波步、向右曼波步、向左曼波步、交叉曼波步。

1. 右脚向前曼波步：1 拍右脚向前一步同时向右顶髋，重心在右脚；& 重心还原到左脚同时向左顶髋；2 拍右脚在左脚旁，重心在右脚。

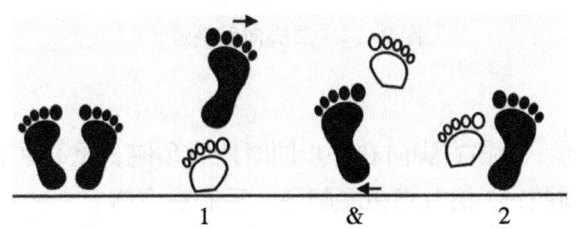

图 2-18 右脚向前曼波步

2. 左脚向前曼波步：1 拍左脚向前一步同时向左顶髋，重心在左脚；& 重心还原到右脚同时向右顶髋；2 拍左脚在右脚旁，重心在左脚。

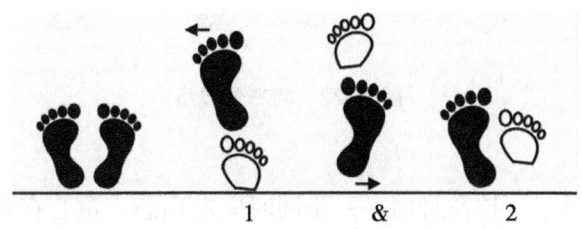

图 2-19 左脚向前曼波步

3. 右脚向后曼波步：1 拍右脚向后一步同时向右顶髋，重心在右脚；& 重心还原到左脚同时向左顶髋；2 拍右脚在左脚旁，重心在右脚。

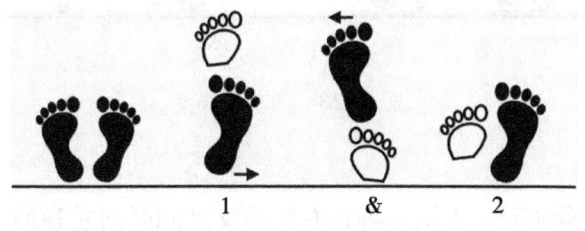

图 2-20 右脚向后曼波步

4. **左脚向后曼波步**：1拍左脚向后一步同时向左顶髋，重心在左脚；& 重心还原到右脚同时向右顶髋；2拍左脚在右脚旁，重心在左脚。

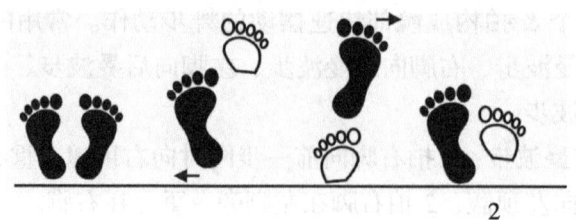

图 2-21　左脚向后曼波步

5. **向右曼波步**：1拍右脚向右一步同时向右顶髋，重心在右脚；& 重心还原到左脚同时向左顶髋；2拍右脚在左脚旁，重心在右脚。

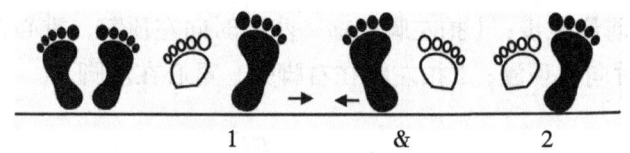

图 2-22　向右曼波步

6. **向左曼波步**：1拍左脚向左一步同时向左顶髋，重心在左脚；& 重心还原到右脚同时向右顶髋；2拍左脚在右脚旁，重心在左脚。

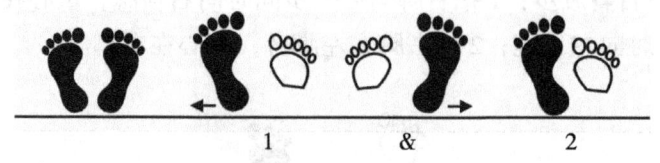

图 2-23　向左曼波步

7. **向右交叉曼波步**：1拍左脚在右脚前交叉同时向左顶髋，重心在左脚；& 重心还原到右脚同时向右顶髋；2拍左脚在右脚旁，重心在左脚。

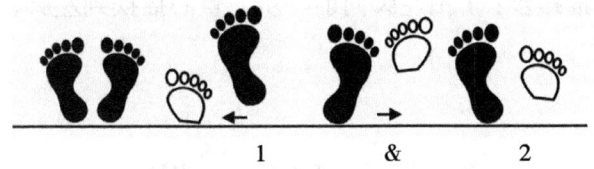

图 2-24　向右交叉曼波步

8. 向左交叉曼波步：1 拍右脚在左脚前交叉同时向右顶髋，重心在右脚；&重心还原到左脚同时向左顶髋；2 拍右脚在左脚旁，重心在右脚。

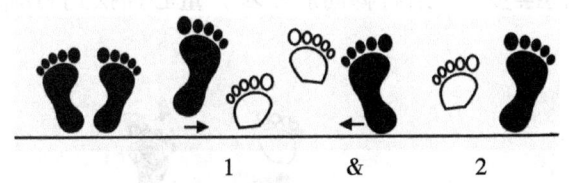

图 2-25　向左交叉曼波步

（七）摇摆步 （Rock Step）

由 2 拍构成的两脚重心互换但不移动位置的髋部摆动的舞步动作。常用的有：右脚向前摇摆步、左脚向前摇摆步、右脚向后摇摆步、左脚向后摇摆步、向右摇摆步、向左摇摆步。

1. 右脚向前摇摆步：1 拍右脚向前一步，重心摇摆到右脚；2 拍摇摆后重心回到左脚。

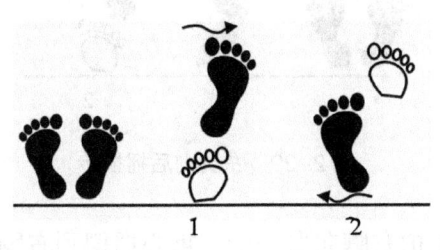

图 2-26　右脚向前摇摆步

2. **左脚向前摇摆步**：1拍左脚向前一步，重心摇摆到左脚；2拍摇摆后重心回到右脚。

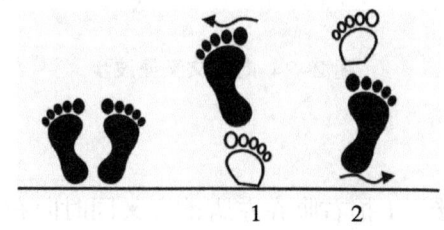

图 2-27　左脚向前摇摆步

3. **右脚向后摇摆步**：1拍右脚向后一步，重心摇摆到右脚；2拍摇摆后重心回到左脚。

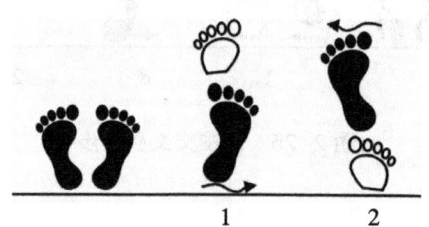

图 2-28　右脚向后摇摆步

4. **左脚向后摇摆步**：1拍左脚向后一步，重心摇摆到左脚；2拍摇摆后重心回到右脚。

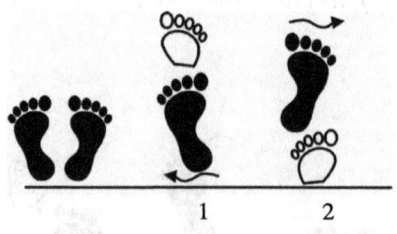

图 2-29　左脚向后摇摆步

5. **向右摇摆步**：1拍右脚向右一步，重心摇摆到右脚；2拍摇摆后重心回到左脚。

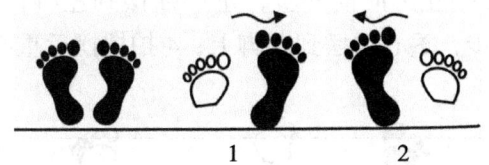

图 2-30 向右摇摆步

6. 向左摇摆步：1 拍左脚向左一步，重心摇摆到左脚；2 拍摇摆后重心回到右脚。

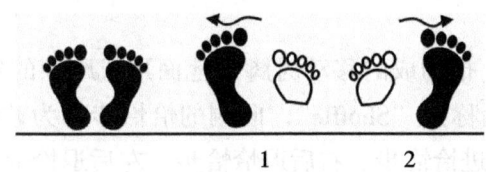

图 2-31 向左摇摆步

（八） 摇椅步 （Rocking Chair）

由 4 拍构成的以右（左）脚为轴，另一脚向前后移动的舞步动作。常用的有：右摇椅步、左摇椅步。

1. 右摇椅步：1 拍右脚向前一步，重心摇摆到右脚；2 拍摇摆后重心在左脚；3 拍右脚向后一步，重心摇摆到右脚上；4 拍摇摆后重心在左脚。

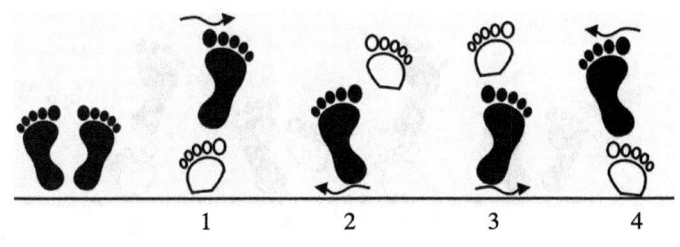

图 2-32 右摇椅步

2. 左摇椅步： 1 拍左脚向前一步，重心摇摆到左脚；2 拍摇摆后重心在右脚；3 拍左脚向后一步，重心摇摆到左脚上；4 拍摇摆后重心在右脚。

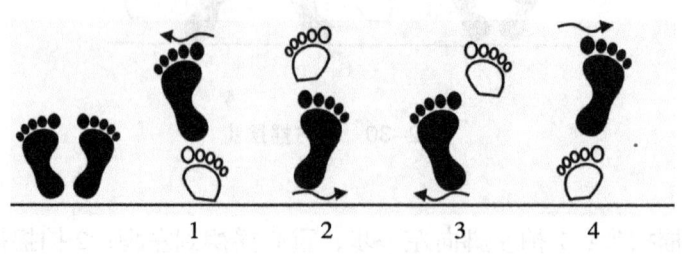

图 2-33　左摇椅步

（九）恰恰步 （Shuffle）

由 2 拍和 1 个 & 拍构成的移动时脚与地面形成摩擦的舞步动作。在英文描述中通常向前的恰恰称为 "Shuffle"，向侧的恰恰步称为 "Chasse"。常用的有：右前进恰恰步、左前进恰恰步、右后退恰恰步、左后退恰恰步、向右恰恰步、向左恰恰步。

1. 右前进恰恰步： 1 拍右脚向前一步，重心在右脚；& 左脚在右脚旁，重心在左脚；2 拍右脚向前一步，重心在右脚。

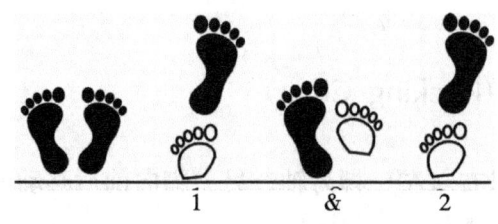

图 2-34　右前进恰恰步

2. 左前进恰恰步： 1 拍左脚向前一步，重心在左脚；& 右脚在左脚旁，重心在右脚；2 拍左脚向前一步，重心在左脚。

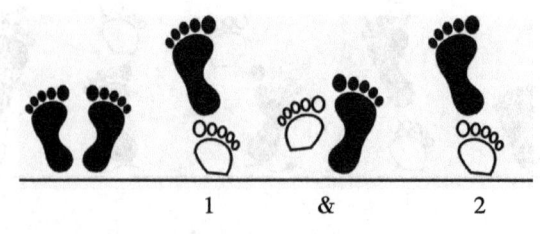

图 2-35　左前进恰恰步

3. 右后退恰恰步：1拍右脚向后一步，重心在右脚；&左脚在右脚旁，重心在左脚；2拍右脚向后一步，重心在右脚。

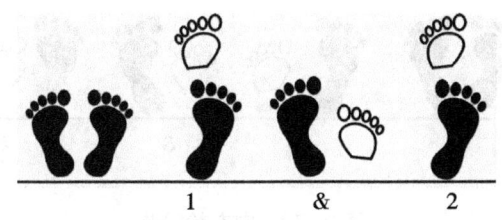

图 2-36 右后退恰恰步

4. 左后退恰恰步：1拍左脚向后一步，重心在左脚；&右脚在左脚旁，重心在右脚；2拍左脚向后一步，重心在左脚。

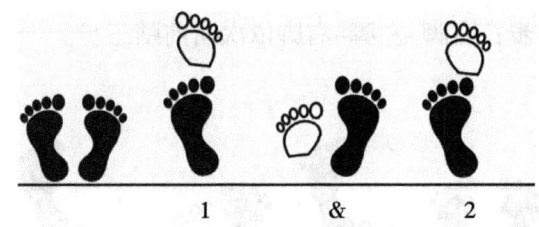

图 2-37 左后退恰恰步

5. 向右恰恰步：1拍右脚向右一步，重心在右脚；&左脚在右脚旁，重心在左脚；2拍右脚向右一步，重心在右脚。

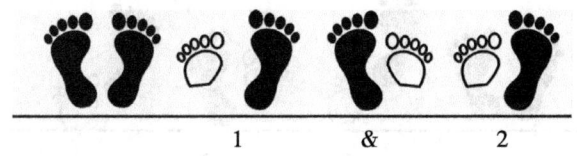

图 2-38 向右恰恰步

6. 向左恰恰步： 1拍左脚向左一步，重心在左脚；＆右脚在左脚旁，重心在右脚；2拍左脚向左一步，重心在左脚。

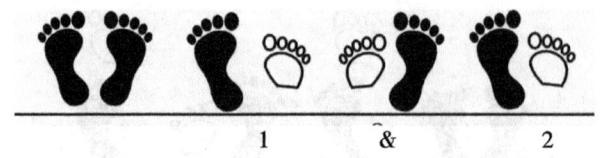

图 2-39　向左恰恰步

（十）三连步 （Triple Step）

由3拍构成的右（左）脚开始依次踏步的舞步动作。常用的有：前进三连步、后退三连步、1/4三连右转、1/4三连左转、1/2三连右转、1/2三连左转、3/4三连右转、3/4三连左转。

1. 右前进三连步： 右脚-左脚-右脚依次向前踏三步。

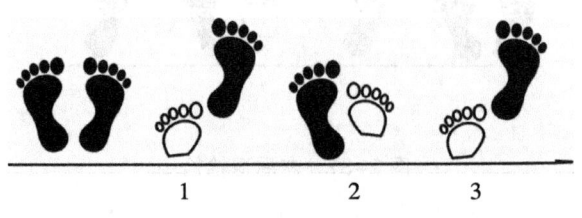

图 2-40　右前进三连步

2. 左前进三连步： 左脚-右脚-左脚依次向前踏三步。

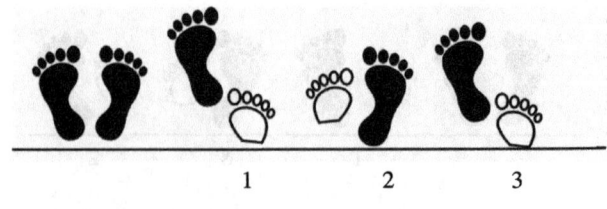

图 2-41　左前进三连步

3. **右后退三连步**：右脚–左脚–右脚依次向后踏三步。

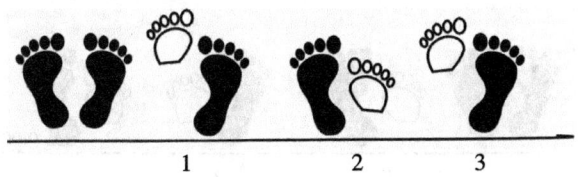

图 2-42　右后退三连步

4. **左后退三连步**：左脚–右脚–左脚依次向后踏三步。

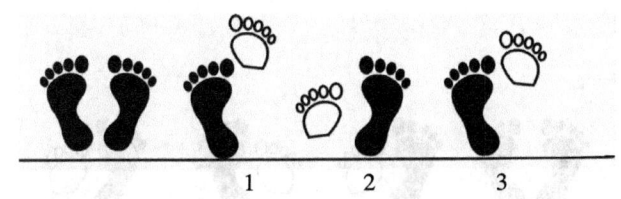

图 2-43　左后退三连步

5. **1/2 三连右转**：右转 1/2 同时右脚–左脚–右脚依次踏三步。

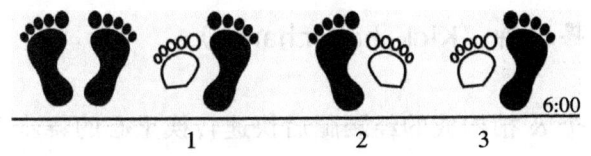

图 2-44　1/2 三连左转

6. **1/2 三连左转**：左转 1/2 同时左脚–右脚–左脚依次踏三步。

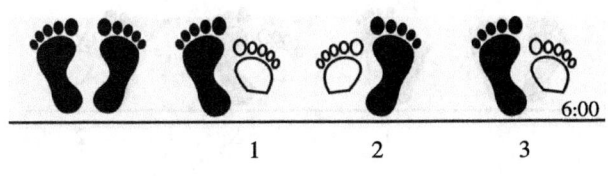

图 2-45　1/2 三连左转

7. 3/4三连右转：右转3/4同时右脚–左脚–右脚依次踏三步。

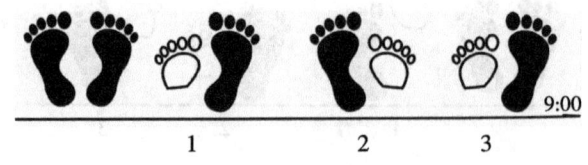

图2-46 3/4三连右转

8. 3/4三连左转：左转3/4同时左脚–右脚–左脚依次踏三步。

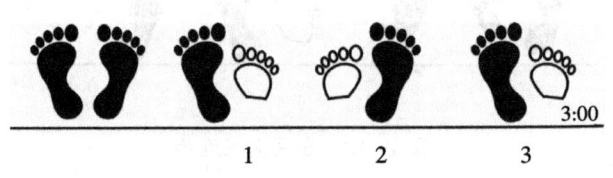

图2-47 3/4三连左转

（十一）弹踢换脚（Kick ball change）

由2拍和1个&拍构成的经踢腿后快速转换重心的舞步动作。常用的有：右弹踢换脚、左弹踢换脚。

1. 右弹踢换脚：1拍右脚向前踢，重心在左脚；&右脚在左脚旁，重心在右脚；2拍重心还原到左脚。

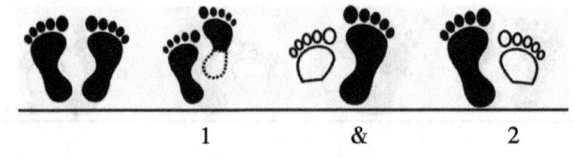

图2-48 右弹踢换脚

2. **左弹踢换脚：** 1拍左脚向前踢，重心在右脚；& 左脚在右脚旁，重心在左脚；2拍重心还原到右脚。

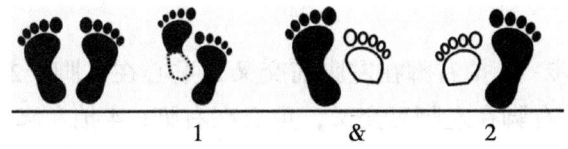

图 2-49　左弹踢换脚

（十二）交叉步（Grapevine）

由4拍构成的舞步动作。常用的有：向右交叉步、向左交叉步。

1. **向右交叉步：** 1拍右脚向右一步，重心在右脚；2拍左脚在右脚后交叉，重心在左脚；3拍右脚向右一步，重心在右脚；4拍左脚在右脚旁点地，重心在右脚。

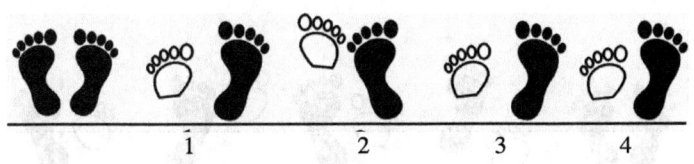

图 2-50　向右交叉步

2. **向左交叉步：** 1拍左脚向左一步，重心在左脚；2拍右脚在左脚后交叉，重心在右脚；3拍左脚向左一步，重心在左脚；4拍右脚在左脚旁点地，重心在左脚。

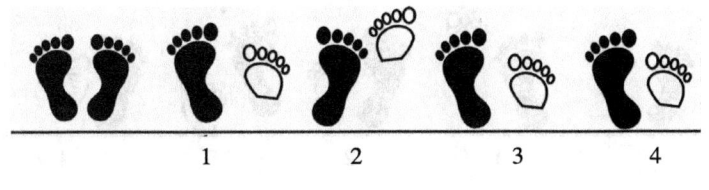

图 2-51　向左交叉步

（十三）纺织步（Weave Step)

由 4 拍构成的两脚由交叉向旁迈步的舞步动作。常用的有：前纺织步、后纺织步。

1. 右前纺织步：1 拍右脚在左脚前交叉，重心在右脚；2 拍左脚向左一步，重心在左脚；3 拍右脚在左脚后交叉，重心在右脚；4 拍左脚向左一步，重心在左脚。

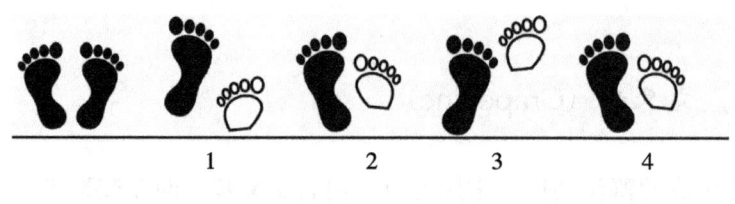

图 2-52 右前纺织步

2. 左前纺织步：1 拍左脚在右脚前交叉，重心在左脚；2 拍右脚向右一步，重心在右脚；3 拍左脚在右脚后交叉，重心在左脚；4 拍右脚向右一步，重心在右脚。

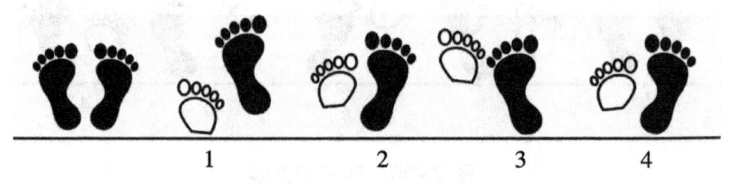

图 2-53 左前纺织步

3. 右后纺织步：1 拍右脚在左脚后交叉，重心在右脚；2 拍左脚向左一步，重心在左脚；3 拍右脚在左脚前交叉，重心在右脚；4 拍左脚向左一步，重心在左脚。

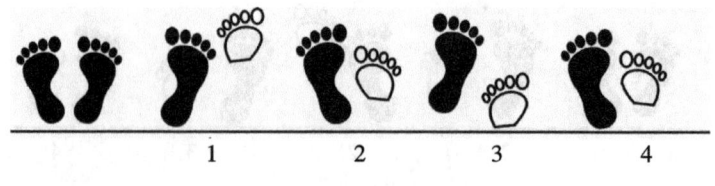

图 2-54 右后纺织步

4. **左后纺织步**：1拍左脚在右脚后交叉，重心在左脚；2拍右脚向右一步，重心在右脚；3拍左脚在右脚前交叉，重心在左脚；4拍右脚向右一步，重心在右脚。

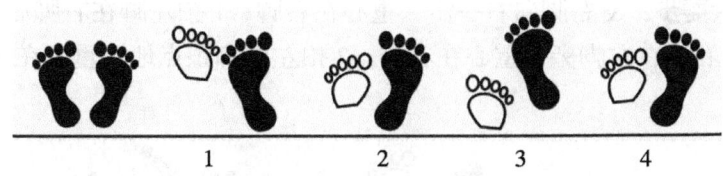

图2-55 左后纺织步

（十四）**桑巴步**（Samba Step）

2拍和1个&拍构成的由前交叉向旁迈步而形成的舞步动作。常用的有：右桑巴步、左桑巴步。

1. **右桑巴步**：1拍右脚在左脚前交叉，重心在右脚；&左脚并右脚，重心在左脚；2拍右脚向右一步，重心在右脚。

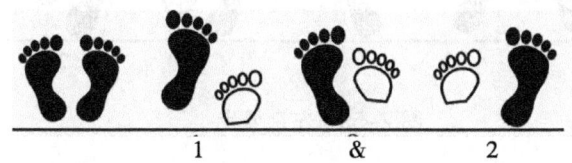

图2-56 右桑巴步

2. **左桑巴步**：1拍左脚在右脚前交叉，重心在左脚；&右脚并左脚，重心在右脚；2拍左脚向左一步，重心在左脚。

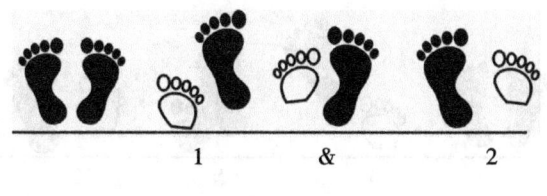

图2-57 左桑巴步

（十五）杂耍步（Vaudeville）

由2拍和2个&拍构成的舞步动作。常用的有：右杂耍步、左杂耍步。

1. 右杂耍步： &右脚向右一步，重心在右脚；1拍左脚在右脚后交叉，重心在左脚；&右脚在左脚旁，重心在右脚；2拍左脚脚跟点地，重心在右脚。

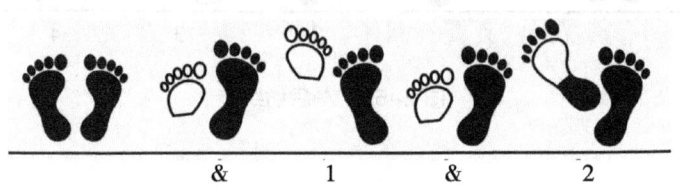

图 2-58　右杂耍步

2. 左杂耍步： &左脚向左一步，重心在左脚；1拍右脚在左脚后交叉，重心在右脚；&左脚在右脚旁，重心在左脚；2拍右脚脚跟点地，重心在左脚。

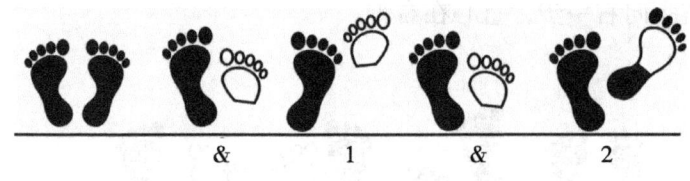

图 2-59　左杂耍步

（十六）弹簧步（Wizard Step）

由2拍和1个&拍构成的舞步动作，在&拍时两脚屈膝成交叉状。常用的有：右弹簧步、左弹簧步。

1. 右弹簧步： 1拍右脚向斜前一步，重心在右脚；&左脚在右脚后交叉同时两腿屈膝；2拍右脚向右一步，重心在右脚。

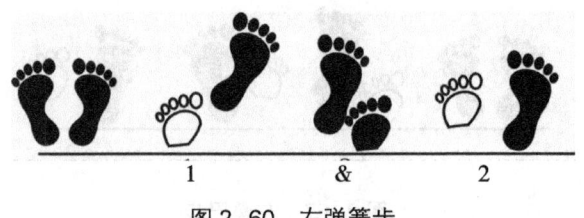

图 2-60　右弹簧步

2. **左弹簧步**：1 拍左脚向斜前一步，重心在左脚；& 右脚在左脚后交叉同时两腿屈膝；2 拍左脚向左一步，重心在左脚。

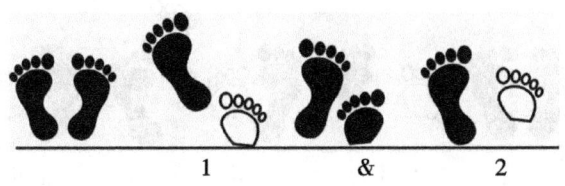

图 2-61　左弹簧步

（十七）盒子步（Box Step）

由 4 拍构成的舞步动作。常用的有：右前进盒子步、左前进盒子步、右后退盒子步、左后退盒子步。

1. **右前进盒子步**：1 拍右脚向右一步，重心在右脚；2 拍左脚在右脚旁，重心在左脚；3 拍右脚向前一步，重心在右脚；4 拍左脚在右脚旁，重心在右脚。

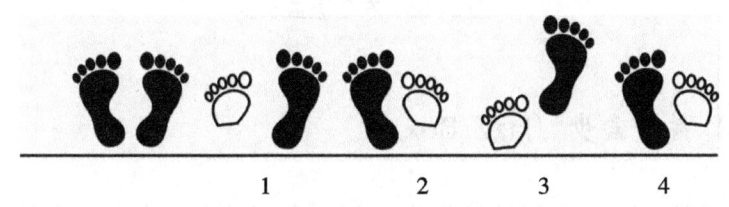

图 2-62　右前进盒子步

2. **左前进盒子步**：1 拍左脚向左一步，重心在左脚；2 拍右脚在左脚旁，重心在右脚；3 拍左脚向前一步，重心在左脚；4 拍右脚在左脚旁，重心在左脚。

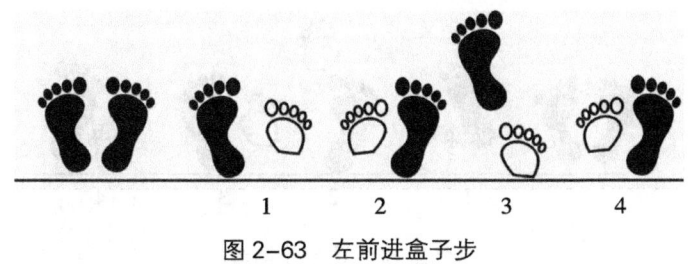

图 2-63　左前进盒子步

3. 右后退盒子步： 1拍右脚向右一步，重心在右脚；2拍左脚在右脚旁，重心在左脚；3拍右脚向后一步，重心在右脚；4拍左脚在右脚旁，重心在左脚。

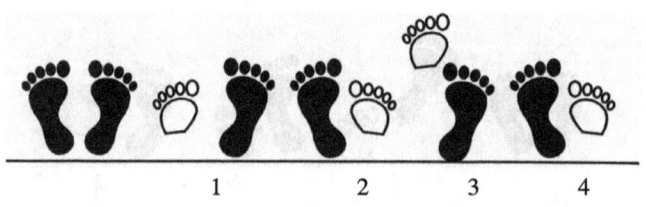

图 2-64　右后退盒子步

4. 左后退盒子步： 1拍左脚向左一步，重心在左脚；2拍右脚在左脚旁，重心在右脚；3拍左脚向后一步，重心在左脚；4拍右脚在左脚旁，重心在右脚。

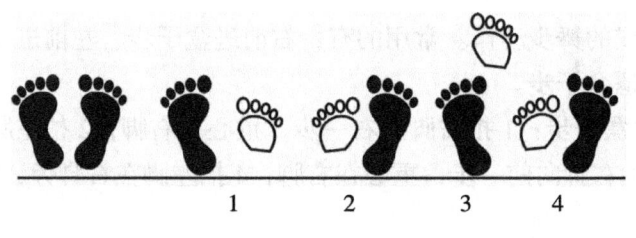

图 2-65　左后退盒子步

（十八）爵士盒步（Jazz Box）

4拍构成的由前交叉开始的舞步动作。常用的有：右爵士盒步、左爵士盒步、1/4右转爵士盒步、1/4左转爵士盒步。

1. 右爵士盒步： 1拍右脚在左脚前交叉，重心在右脚；2拍左脚向后一步，重心在左脚；3拍右脚向旁一步，重心在右脚；4拍左脚在右脚前交叉，重心在左脚。

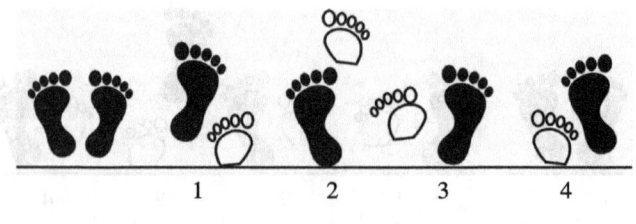

图 2-66　右爵士盒步

2. **左爵士盒步**：1 拍左脚在右脚前交叉，重心在左脚；2 拍右脚向后一步，重心在右脚；3 拍左脚向旁一步，重心在左脚；4 拍右脚在左脚前交叉，重心在右脚。

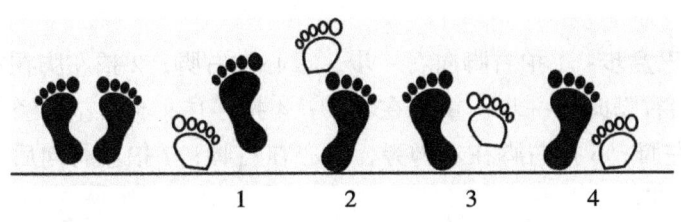

图 2-67　左爵士盒步

3. **1/4 右转爵士盒步**：1 拍右脚在左脚前交叉，重心在右脚；2 拍左脚向后一步，重心在左脚；3 拍右转 1/4 同时右脚向右一步（面向 3 点），重心在右脚；4 拍左脚在右脚前交叉，重心在左脚。

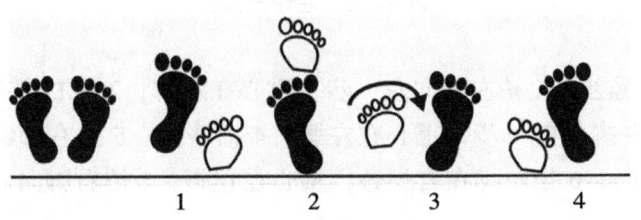

图 2-68　1/4 右转爵士盒步

4. **1/4 左转爵士盒步**：1 拍左脚在右脚前交叉，重心在左脚；2 拍右脚向后一步，重心在右脚；3 拍左转 1/4 同时左脚向左一步（面向 9 点），重心在左脚；4 拍右脚在左脚前交叉，重心在右脚。

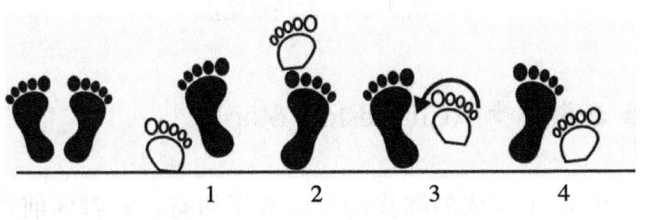

图 2-69　1/4 左转爵士盒步

（十九）伦巴盒步 （Rumba Box）

由 8 拍构成的在地板上形成盒子状的舞步动作。常用的有：右伦巴盒步、左伦巴盒步。

1. 右伦巴盒步：1 拍右脚向右一步，重心在右脚；2 拍左脚在右脚旁，重心在左脚；3 拍右脚向前一步，重心在右脚；4 拍停住；5 拍左脚经右脚旁向左一步，重心在左脚；6 拍右脚在左脚旁，重心在右脚；7 拍左脚向后一步，重心在左脚；8 拍停住。

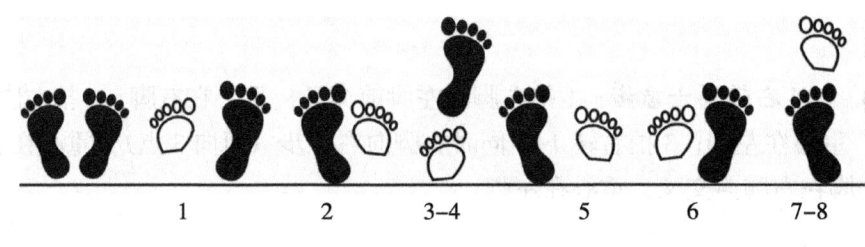

图 2-70　右伦巴盒步

2. 左伦巴盒步：1 拍左脚向左一步，重心在左脚；2 拍右脚在左脚旁，重心在右脚；3 拍左脚向前一步，重心在左脚；4 拍停住；5 拍右脚经左脚旁向右一步，重心在右脚；6 拍左脚在右脚旁，重心在左脚；7 拍右脚向后一步，重心在右脚；8 拍停住。

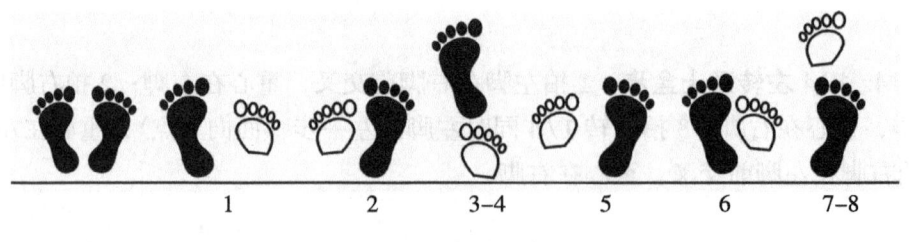

图 2-71　左伦巴盒步

（二十）查尔斯登步 （Charleston Step）

由 4 拍和 2 个 & 拍构成的舞步动作。常用的有：右脚向前查尔斯登步、左脚向前查尔斯登步、向右查尔斯登步、向左查尔斯登步。

1. **右脚向前查尔斯登步**：1拍右脚向前踏，重心在右脚；＆左脚向后踏，重心移到左脚；2拍右脚并左脚，重心在右脚；3拍左脚向后踏，重心在左脚；＆右脚向前踏，重心移到右脚；4拍左脚并右脚，重心在左脚。

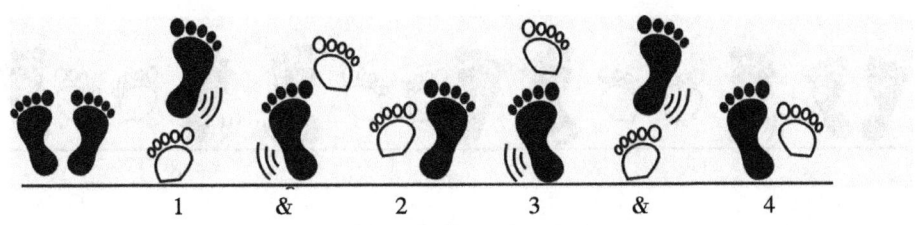

图2-72　右脚向前查尔斯登步

2. **左脚向前查尔斯登步**：1拍左脚向前踏，重心在左脚；＆右脚向后踏，重心移到右脚；2拍左脚并右脚，重心在左脚；3拍右脚向后踏，重心在右脚；＆左脚向前踏，重心移到左脚；4拍右脚并左脚，重心在右脚。

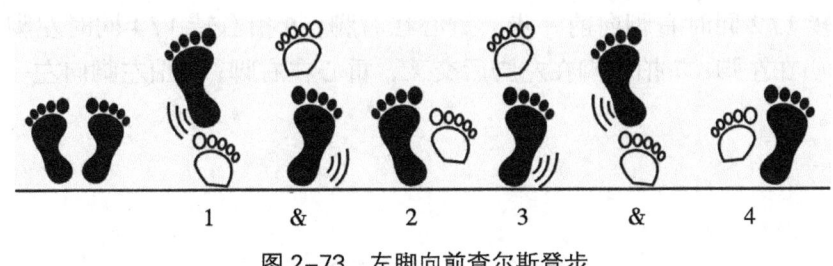

图2-73　左脚向前查尔斯登步

3. **向右查尔斯登步**：1拍右脚向右踏，重心在右脚；＆左脚向左踏，重心移到左脚；2拍右脚并左脚，重心在右脚；3拍左脚向左踏，重心在左脚；＆右脚向右踏，重心移到右脚；4拍左脚并右脚，重心在左脚。

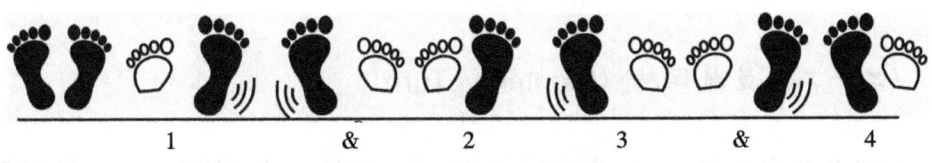

图2-74　向右查尔斯登步

4. 向左查尔斯登步：1拍左脚向左踏，重心在左脚；& 右脚向右踏，重心移到右脚；2拍左脚并右脚，重心在左脚；3拍右脚向右踏，重心在右脚；& 左脚向左踏，重心移到左脚；4拍右脚并左脚，重心在右脚。

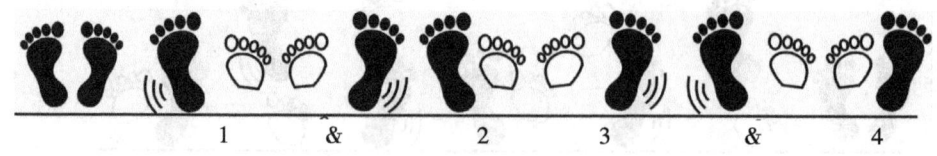

图 2-75　向左查尔斯登步

（二十一）兜风步（Cruising Step）

由 8 拍构成的舞步动作。

1拍右脚向右一步，重心在右脚；2拍左脚在右脚后交叉，重心在左脚；3拍右转 1/4 同时右脚向前一步，重心在右脚；4拍左脚向前一步，重心在左脚；5拍右转 1/2 同时右脚向前一步，重心在右脚；6拍右转 1/4 同时左脚向左一步，重心在左脚；7拍右脚在左脚后交叉，重心在右脚；8拍左脚向左一步，重心左脚。

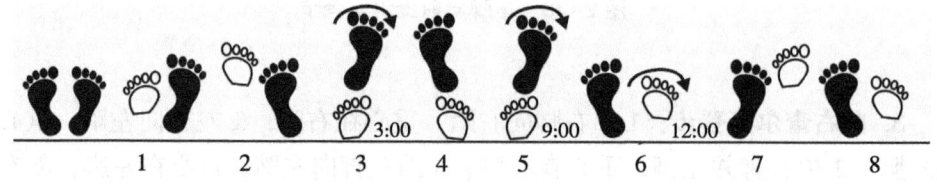

图 2-76　兜风步

（二十二）曼特律转（Monterey Turn）

由 2 拍构成的右（左）脚经侧点并向后的转体。常用的有：1/4 曼特律右转、1/4 曼特律左转、1/2 曼特律右转、1/2 曼特律左转。

1. **1/4 曼特律右转**：1 拍右脚向右点地，重心在左脚；2 拍向后转 1/4 同时右脚在左脚旁，重心在右脚（面向 3:00）。

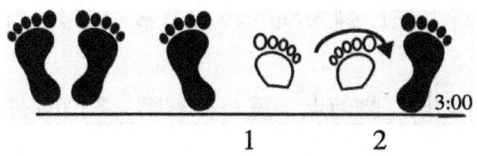

图 2-77　1/4 曼特律右转

2. **1/4 曼特律左转**：1 拍左脚向左点地，重心在右脚；2 拍向后转 1/4 同时左脚在右脚旁，重心在左脚（面向 9:00）。

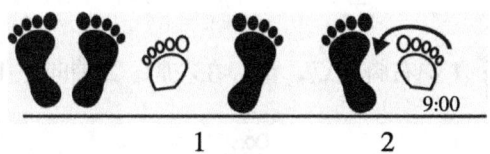

图 2-78　1/4 曼特律左转

3. **1/2 曼特律右转**：1 拍右脚向右点地，重心在左脚；2 拍向后转 1/2 同时右脚在左脚旁，重心在右脚（面向 6:00）。

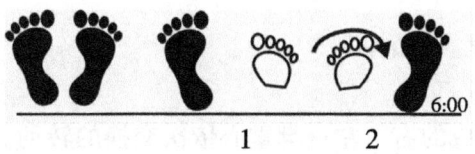

图 2-79　1/2 曼特律右转

4. **1/2 曼特律左转**：1 拍左脚向左点地，重心在右脚；2 拍向后转 1/2 同时左脚在右脚旁，重心在左脚（面向 6:00）。

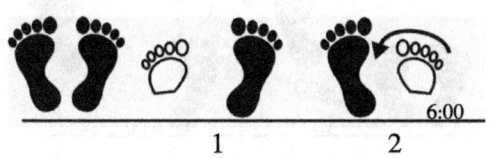

图 2-80　1/2 曼特律左转

（二十三）轴心转（Pivot Turn）

由2拍构成的以右（左）脚为轴的转动。常用的有：1/4右轴心转、1/4左轴心转。

1. 1/4右轴心转：1拍左脚前点，重心在右脚；2拍向右1/4转，重心在右脚。

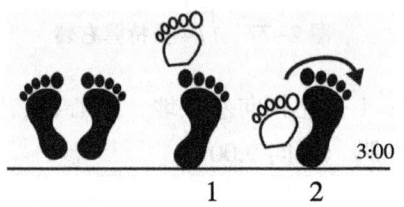

图2-81　1/4右轴心转

2. 1/4左轴心转：1拍右脚前点，重心在左脚；2拍向左1/4转，重心在左脚。

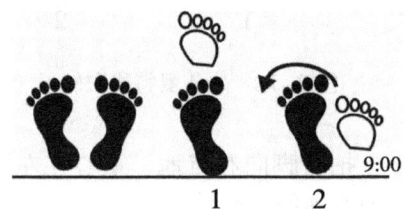

图2-82　1/4左轴心转

（二十四）轴转（Turn）

由3拍或4拍构成的右（左）脚重心依次交换的转动。常用的有：1/2右轴转、1/2左轴转、1/1右轴转、1/1左轴转。

1. 1/2右轴转：1拍右脚向前一步，重心在右脚；2拍右转1/2同时左脚向后一步，重心在左脚；3拍右脚向前一步或并步。

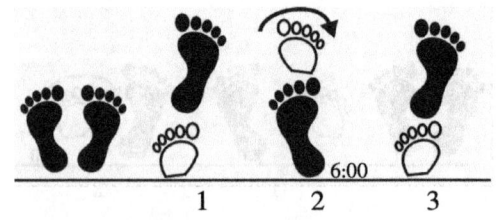

图2-83　1/2右轴转

2. **1/2 左轴转**：1 拍左脚向前一步，重心在左脚；2 拍左转 1/2 同时右脚向后一步，重心在右脚；3 拍左脚向前一步或并步。

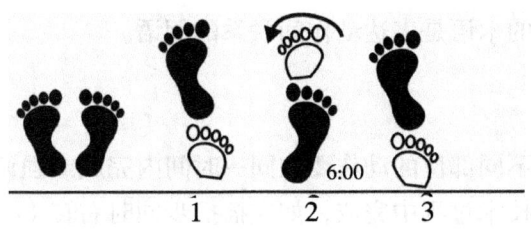

图 2-84　1/2 左轴转

3. **1/1 右轴转**：1 拍右脚向前一步，重心在右脚；2 拍右转 1/2 同时左脚向后一步，重心在左脚；3 拍右转 1/2 同时右脚向前一步，重心在右脚。

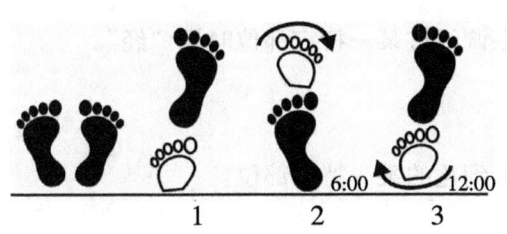

图 2-85　1/1 右轴转

4. **1/1 左轴转**：1 拍左脚向前一步，重心在左脚；2 拍左转 1/2 同时右脚向后一步，重心在右脚；3 拍左转 1/2 同时左脚向前一步，重心在左脚。

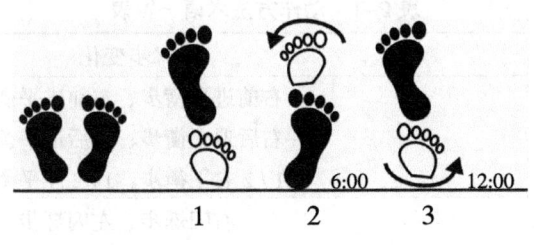

图 2-86　1/1 左轴转

三、动作相互关系的术语

动作相互关系的术语是表达动作间联系的用语。

1. 同时

用以强调身体不同部位的动作要在同一时间内完成或强调一种动作技术必须结合在另一种动作技术过程中完成，如左摇摆步同时右转 1/4。

2. 依次

部分的肢体相继做同样性质的动作，如左、右脚依次后踢。

3. 接

两个单独动作之间强调要求连续完成时用"接"。

4. 经

动作过程中须强调经过某一特定部位时用"经"。

5. 至

用以指明动作须到达的某一特定部位。

6. 成

用以指明动作应完成的结束姿势。

四、动作方法术语一览表

表 2-1　动作方法术语一览表

舞步名称	舞步变化
平衡步	右前进平衡步、左前进平衡步
	右后退平衡步、左后退平衡步
	1/2右平衡步、1/2左平衡步
闪烁步	右闪烁步、左闪烁步
	1/2右闪烁步、1/2左闪烁步

（续表）

舞步名称	舞步变化
水手步	右水手步
	左水手步
剪刀步	右剪刀步
	左剪刀步
海岸步	右海岸步
	左海岸步
曼波步	右脚向前曼波步、右脚向后曼波步
	左脚向前曼波步、左脚向后曼波步
	向右曼波步、向左曼波步
	交叉漫波步
摇摆步	右脚向前摇摆步、左脚向前摇摆步
	右脚向后摇摆步、左脚向后摇摆步
	向右摇摆步、向左摇摆步
摇椅步	右摇椅步
	左摇椅步
恰恰步	右前进恰恰步、左前进恰恰步
	右后退恰恰步、左后退恰恰步
	向右恰恰步、向左恰恰步
弹踢换脚	右弹踢换脚
	左弹踢换脚
三连步	右前进三连步、左前进三连步
	右后退三连步、左后退三连步
	1 / 2 三连右转、1 / 2 三连左转
	3 / 4 三连右转、3 / 4 三连左转
交叉步	向右交叉步
	向左交叉步
纺织步	右前纺织步、左前纺织步
	右后纺织步、左后纺织步
桑巴步	右桑巴步
	左桑巴步
杂耍步	右杂耍步
	左杂耍步
弹簧步	右弹簧步
	左弹簧步

（续表）

舞步名称	舞步变化
盒子步	右前进盒子步、左前进盒子步
	右后退盒子步、左后退盒子步
爵士盒步	右爵士盒步、左爵士盒步
	1/4 右转爵士盒步、1/4 左转爵士盒步
伦巴盒步	右伦巴盒步
	左伦巴盒步
查尔斯登步	右（左）脚向前查尔斯登步
	向右查尔斯登步
	向左查尔斯登步
曼特律转	1/4 曼特律右转、1/4 曼特律左转
	1/2 曼特律右转、1/2 曼特律左转
轴心转	1/4 右轴心转
	1/4 左轴心转
轴转	1/2 右轴转、1/2 左轴转
	1/1 右轴转、1/1 左轴转

第三节　排舞运动术语的运用

一、排舞术语的形式及其构成

1. 排舞术语的形式

排舞术语是排舞理论和技术等方面的专门用语。由以下几种形式构成：

（1）学名：是由动作基本术语所组成的名称。具有准确、组合、针对性的特点，一般用于正式的图书和各类文件中。

（2）简称：是把一个相对繁琐、较长的学名，简化成一种动作名称，具有形象、简练的特点。

（3）俗称：是广为流行的包括由其他项目借鉴而来的大众通用的名称，具有通俗易懂的特点。

（4）图解：是用图形图像表示动作名称。它具有直观性强的特点。常用的图形有：脚印式、单线条式、双线条式、实体式。常用的图像有：各种动作照片和动作摄影视频等。

2. 排舞术语的构成

排舞动作术语一般由动作方法和动作方向术语构成。

（1）动作方法：指舞步动作的做法。如右脚向前一步、右脚在左脚前交叉、向左摇摆步等。

（2）动作方向：指人体或人体某一部分的运动指向，如三点、六点、九点等方向术语。

（3）结束姿势：指舞步动作结束后的姿势。右脚前点、左脚前交叉等动作方法术语。

二、排舞动作的记写方法与要求

1. 记写方法

（1）文字完整记写法。根据术语的记写要求，按照舞步节拍，用文字准确说明动作具体方法的记写形式。一般用于编写教材。

准备姿势：自然站立，面向 12 点。

1 拍右脚向后一步。

2 拍左脚向后一步。

3 拍右脚向后一步。

4 拍左腿屈膝上提，重心在右脚（同时两手胸前击掌）。

5 拍左脚向前一步。

6 拍右脚向前一步。

7 拍左脚向前一步。

8 拍右腿屈膝上提，重心在左脚（同时两手胸前击掌）。

（2）文字缩写法。按照动作节拍，用文字简要说明舞步动作的主要做法的记写形式。常用于编写教案。如：

1–3 拍右脚开始向后退三步。

4 拍左腿屈膝上提，击掌。

5–7 拍左脚开始向前走三步。

8拍右腿屈膝上提，击掌。

（3）图示法。按照动作节拍，通过两脚间的关系及动作重心的变化来说明动作方法，具有直观、方便的效果。

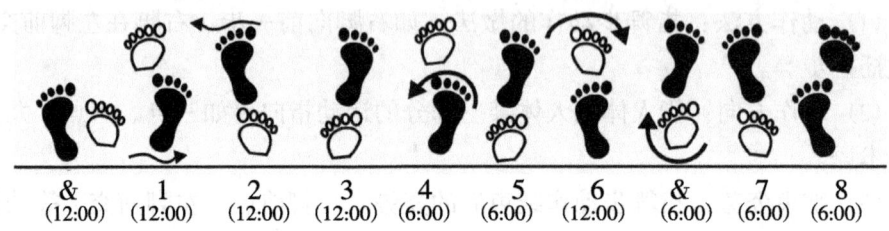

| &
(12:00) | 1
(12:00) | 2
(12:00) | 3
(12:00) | 4
(6:00) | 5
(6:00) | 6
(12:00) | &
(6:00) | 7
(6:00) | 8
(6:00) |

图2-87　记写方法图

2. 记写要求

（1）记写动作时一般应包括准备姿势、动作方法、动作方向、结束姿势几部分，其中动作方法、动作方向是记写完整术语中不可以省略的重要部分。

（2）记写动作组合时，通常只写第一个动作的预备姿势，然后按照动作的节拍顺序依次记写动作做法，最后只写结束动作姿势。

（3）记写动作时要特别注意身体方向，应清晰表述每一舞步动作结束时的身体面向。

第三章　排舞运动舞谱

舞谱是描述排舞作品和记录舞步动作方法的工具，是学习和交流排舞不可缺少的重要环节。要普及和推广排舞运动，使我国的排舞走向世界，必须学习和掌握舞谱。

第一节　排舞运动舞谱的作用

一、舞谱是学习掌握排舞的工具

唱歌要有乐谱，演奏乐器要有曲谱，同样，跳排舞也需要舞谱。全世界的排舞专家和爱好者都是通过舞谱进行排舞的学习和交流。尤其是现在，国际排舞协会以每周 15 首左右的速度向全世界推广排舞新曲目，人们只有依靠舞谱这个工具，才能及时了解、学习和掌握排舞曲目。

二、舞谱是世界排舞交流的语言

排舞不同于其他运动项目的一个特点，就是所有的舞步都要经过国际排舞协会认证，然后向全世界进行推广，每一支经过认证的排舞都有规定的舞步动作。也就是说，同一曲排舞，全世界的跳法一样。无论你是哪个国家的人，只要音乐响起，所跳的舞步完全相同。若随意更改舞步，则无法和其他国家或地区的排舞爱好者进行交流。所以，我们把排舞的舞谱称之为"国际语言"和"全球通"。

三、舞谱是排舞竞赛的准绳

舞步动作正确与否的参照物,当然是舞谱。《国际排舞竞赛规则》规定:"每个参赛队（人）于参赛前,必须提供经国际排舞协会批准的舞步和最新国际排舞指定规则副本,作为参赛者比赛的依据。"而且,还专门强调了 V——V 原则,即 Vanilla & Variation（规定动作和变化动作）的要求。我国排舞的竞赛规则也明确规定:为了保证比赛的公平公正,舞步和音乐必须使用统一的版本,并且所有比赛项目都不能改变舞步。由此可见舞谱在排舞比赛中的重要性。

四、舞谱是理解曲目的关键

学习排舞如果永远采用"跟我跳"的方法,不看或看不懂舞谱,就不能真正体会排舞运动的魅力。舞谱不仅仅是对舞步动作的描述和记录,还能通过对舞步动作顺序、节拍数、身体重心以及方向变化、重点舞步、难点级别及音乐出处等的描述,加深对曲目的理解和风格的把握,以便更好地掌握所学曲目。

第二节　排舞运动舞谱的编写方法

创编者将编排好的排舞曲目以规范的形式写成舞谱后,才能成为一个完整的作品。或许你曾经遇到过这种情况:有的舞谱简明易懂,一看就会;而有的舞谱十分复杂,描述不清。出现这种情况主要是记写舞谱者没有掌握编写舞谱的基本要素,尤其是对舞步动作描述的结构不清楚。因此,正确编写排舞舞谱尤为重要。

一、中文舞谱的编写方法

1. 对曲目进行整体描述

所谓整体描述就是介绍曲目的名称、创编者、舞步组合的节拍数、曲目的方向变化、难度级别、所选用音乐的出处等。

2. 编写重点舞步

重点舞步是指每一个八拍或每四个三拍主要完成的舞步动作。

3. 逐拍编写舞步

根据重点舞步，逐拍编写舞步动作。编写时应按照 A—B—C 的顺序编写。A 表示身体部位，B 表示动作方向，C 表示动作方法。

4. 编写间奏舞步

为保证音乐的完整性，有的曲目需要创编间奏动作使之与音乐协调融合。如果这样，应说明间奏的节拍数及间奏开始的节拍、方向等。

二、英文舞谱的编写方法

用英文编写舞谱时，要注意中英文表达方式的不同。编写舞步时，中文是按照 A—B—C 的顺序，而英文则是按照 C—A—B 的顺序编写。（表 3-1）

1. 基本舞步的编写

表 3-1　基本舞步中英文对照记写表

A	B	C	A	B
	向前	一步 Step		Forward
	向后	摇摆 Rock		Back
	向旁	滑步 Slide		To side
	向右	拖步 Drag		To right side
右脚	向左	重踏 Stomp	Right	To left side
左脚	向斜前方	弓步 Lunge	Left	To diagonally forward
	向斜后方	锁步 Lock		To diagonally back
	向右前方	点地 point		To forward / right diagonally
	向右后方	一大步 Big step		To back / Right Diagonally
	向左前方	摆荡 Swivel		To forward / left diagonally
	向左后方	踢 Kick		To back / left diagonal

（续表）

A	B	C	A	B
右脚 左脚	在右（左）脚前 在右（左）脚后 在右（左）脚旁	交叉 Cross 一步 Step 锁步 Lock 紧靠 Close	Right Left	Over right（left） Behind right（left） Beside right（left）
右脚掌 左脚跟	在右脚前 在左脚旁 紧靠右脚	屈 Hook 点地 Touch 交叉 Cross	Right toe Left heel	In front of right Beside left Next to right
还原	重心	到右脚 Onright	Recover	Weight
右脚向 前同时		1/2 向右 Make 1/2 turn right	Steping forward on right	
左脚向 后同时		1/2向左转 Make 1/2 turn left	stepping back on Left	
髋部	顺时针方向 逆时针方向 向右（左）	绕环 Roll 扭动 bump 摆动 Sway	Hips	Clockwise Counter clockwise To right（left）

2.基本舞步组合的编写

在编写中级或中级水平以上的排舞舞谱时，需要运用一些舞步组合词汇，才能更确切地表达动作。（表3-2）

表3-2　常用舞步组合中、英文对照表

舞步名称	重点舞步	节拍	舞步说明
平衡步 Balance Step	右前进平衡步 Balance Step forward right 左前进平衡步 Balance Step forward left 右后退平衡步 Balance Step back right 左后退平衡步 Balance Step back left	3	例：右前进平衡步 Balance Step forward right 1：右脚向前一步 Step right forward 2：左脚向前一步 Step left forward 3：右脚原地一步 Step right in place

（续表）

舞步名称	重点舞步	节拍	舞步说明
闪烁步 Twinkle	右闪烁步 Twinkle right 左闪烁步 Twinkle left	1 2 3	例：左闪烁步 Twinkle left 1：左脚在右脚前交叉 Cross left over right 2：右脚在左脚旁 Step right next to left 3：左脚原地一步 Step left in place
水手步 Sailor step	右水手步 Sailor step right 左水手步 Sailor step left	1 & 2	例：左水手步 Sailor step left 1：左脚在右脚后交叉 Cross left over right &：右脚在左脚旁 Step right next to left 2：左脚向左一步 Step left to side
剪刀步 Scissors step	右剪刀步 Scissor right steps 左剪刀步 Scissor left steps	1 & 2	例：右剪刀步 Scissor right steps 1：右脚向右一步 Step right to side &：左脚在右脚旁 Step left next to right 2：右脚在左脚前交叉 Cross right over left
盒子步 Box steps	向右前进盒子步 Box step forward right 向左前进盒子步 Box step forward left 向右盒子步 Box step side right 向左盒子步 Box step side left	1 2 3 4	例：向右前进盒子步 Box step forward right 1：右脚向右一步 Step right to side 2：左脚并右脚 Step left together 3：右脚向前一步 Step right forward 4：左脚在右脚旁 Step left next to right
爵士盒步 Jazz box	右爵士盒步 Jazz box right 左爵士盒步 Jazz box left 1/4 右转爵士盒步 Jazz box 1/4 turn right 1/4 左转爵士盒步 Jazz box 1/4 turn left	1 2 3 4	例：1/4 左转爵士盒步 Jazz box 1/4 turn left 1：左脚在右脚前交叉 Cross left over right 2：右脚向后一步 Step right back 3：左转 1/4 同时左脚向旁（面向 9 点） Make 1/4 turn left stepping left to side （9:00） 4：右脚在左脚前交叉 Cross right over left

（续表）

舞步名称	重点舞步	节拍	舞步说明
伦巴盒步 Rumba box	右伦巴盒步 Rumba box side right 左伦巴盒步 Rumba box side left	1 2 3 4 5 6 7 8	例：左伦巴盒步 Rumba box side left 1：左脚向左一步 Step left to left side 2：右脚在左脚旁 Step right beside left 3-4：左脚向前一步，停住 Step left forward.hold 5：右脚向右一步 Step right to right side 6：左脚在右脚旁 Step left beside right 7-8：右脚向后一步，停住 Step right back. hold
曼波 Mambo	向前曼波 Forward mambo 向后曼波 Back mambo 向右曼波 Right mambo 向左曼波 Left mambo	1 & 2	例：Forward mambo 向前曼波 1：右脚向前一步同时向右顶髋 Step right forward and Bump hips right &：重心还原到左脚同时向左顶髋 Recover weight on left and bump hips left 2：右脚并左脚 Step right together 说明：舞步记写时，顶髋动作可省略
海岸步 Coaster step	右海岸步 Coaster step right 交叉海岸步 Coaster cross	1 & 2	例：左海岸步 Coaster step left 1：左脚向后一步 Step left back &：右脚并左脚 Step right together 2：左脚向前一步 Step left forward
摇摆步 Rock step	右脚向前摇摆步 Rock forward right 左脚向前摇摆步 Rock forward left 右脚向后摇摆步 Rock back right 左脚向后摇摆步 Rock back left 向右摇摆步 Rock right 向左摇摆步 Rock left	1 2	例：向右摇摆步 Rock right 1-2 右脚向右一步，重心摇摆到右脚 摇摆后重心回到左脚 Rock out to right side. Recover onto left

（续表）

舞步名称	重点舞步	节拍	舞步说明
摇椅步 Rocking chair	右摇椅步 Rocking chair forward right 左摇椅步 Rocking chair forward left	1 2 3 4	例：右摇椅步 Rocking chair forward right 1-2 右脚向前一步，重心摇摆到右脚 摇摆后重心回到左脚 Rock forward on right. Recover onto left. 3-4 右脚向后一步，重心摇摆到右脚；摇摆后重心回到左脚 Rock back on right. Recover onto left.
恰恰步 Shuffle/Chasses	右（左）前进恰恰步 Shuffle forward right（left） 右（左）后退恰恰步 Shuffle back right（left） 向右（左）恰恰步 Chasses right（left）	1 & 2	例：右前进恰恰步 Shuffle forward right 1：右脚向前一步 Step right forward &：左脚在右脚旁 Close left beside right 2：右脚向前一步 Step right forward
交叉步 Grapevine	向右交叉步 Grapevine right 向左交叉步 Grapevine left 向右交叉转体 1/4 Grapevine right 1/4 turn 向左交叉转体 1/4 Grapevine left 1/4 turn	1 2 3 4	例如：向左交叉转体 1/4 Grapevine left 1/4 turn 1：左脚向左一步 Step left to left side. 2：右脚在左脚后交叉 Cross right behind left 3：左转 1/4 同时左脚向后一步 Make 1/4 turn left stepping left to back 4：右脚并左脚 Step right together
纺织步 Weave step Vine step	右前纺织步 Weave right 左前纺织步 Weave left 右后纺织步 Vine right 左后纺织步 Vine left	1 2 3 4	例：Weave right 右前纺织步 1：左脚在右脚前交叉 Cross left over right 2：右脚向右一步 Step right to right side 3：左脚在右脚后交叉 Cross left behind right 4：右脚向右一步 Step right to right side
曼特律转 Monterey turn	1/2 曼特律右转 Monterey 1/2 turn Right 1/4 曼特律左转 Monterey 1/4 turn Left	1 2	例：1/4 曼特律右转 Monterey 1/4 turn Right 1：右脚向右点地 Touch right to right side 2：右转 1/4 同时右脚在左脚旁 Make 1/4 turn right stepping right beside left
轴心转 Pivot turn	1/2 右轴心转 Pivot 1/2 right 1/2 左轴心转 Pivot 1/2 left	1 2	例：1/2 右轴心转 Pivot 1/2 right 1：左脚前点地 Step forward on left 2：向右 1/2 轴心转 Make 1/2 pivot turn right

（续表）

舞步名称	重点舞步	节拍	舞步说明
轴转 Turn	1/1 转 Full turn 1/2 转 Half turn 1/4 转 Quarter turn 3/4 转 Three quarter turn	3 3 3	例：Full turn right 1/1 右轴转 1：右脚向前一步 Walk forward on right 2：右转 1/2 同时左脚向后一步 Make 1/2 turn right stepping back on left 3：右转 1/2 同时右脚向前一步 Make 1/2 turn right stepping forward on right
三连步 Triple step	右三连步 Triple step right 1/4 三连步右转 Triple 1/4 step turn right 1/2 三连步左转 Triple 1/2 step turn left	1 & 2	例：右三连步 Triple step right 1：右脚向前一步 Step right forward &：左脚在右脚旁 Close left beside right 2：右脚向前一步 Step right forward

3. 完整曲目的编写

如果你已经掌握了中文舞谱的编写方法并熟悉了英文的构词法和基本舞步组合用语，就可以学习编写成套动作了。

（1）《红星闪闪》中文舞谱

【1×8】向前走，向后退

1–4 右脚、左脚依次向前走 4 步，手臂可选择双手侧上举，五指张开，手腕外、内、外、内的转动

5–8 右脚、左脚依次向后走 4 步

【2×8】V 字步

1–2 右脚向右前一步，左脚向左前一步

3–4 右转 1 / 4 同时右脚向右一步（面向 3:00），左脚并右脚

5–6 右脚向右前一步，左脚向左前一步

7–8 右转 1 / 4 同时右脚向右一步（面向 6:00），左脚并右脚

【3×8】右前进恰恰步，左前进恰恰步

1&2 右脚向前一步，左脚并右脚，右脚向前一步

3&4 左脚向前一步，右脚并左脚，左脚向前一步

5&6 右转 1 / 2 同时右脚向前一步，左脚并右脚，右脚向前一步（面向 12:00）

7& 左脚向前一步，右脚并左脚，左脚向前一步

【4×8】并步跳，点地

1–2 并步跳，右脚跟向右点地

3–4 并步跳，重心在右脚同时左脚跟点地

5–6 并步跳，重心在左脚同时右脚跟点地

7–8 并步跳，重心在右脚同时左脚跟点地

【5×8】屈膝，轴转，踢腿

1–2 半蹲（面向 12:00），右脚前踢

3–4 左转 1／4 同时半蹲（面向 9:00），左脚前踢

5–6 左转 1／4 同时半蹲（面向 6:00），右脚前踢

7–8 左转 1／4 同时半蹲（面向 3:00），左脚前踢

【6×8】屈膝

1–2 左脚在右脚旁同时右脚掌点地，停住

3–4 右脚在左脚旁同时左脚掌点地，停住

5– 左脚在右脚旁同时右脚掌点地

6– 右脚在左脚旁同时左脚跟掌地

7–8 左脚在右脚旁同时右脚掌点地，停住 手臂可以选择：右手敬礼

间奏（Tag）：

【1×8】向右恰恰步，向左恰恰步

1&2 向右恰恰步

3–4 左脚在右脚后交叉，重心在右脚

5&6 向左恰恰步

7–8 右脚在左脚后交叉，重心在左脚

【2×8】向右恰恰步，向左恰恰步

1&2 向右恰恰步

3–4 左脚在右脚后交叉，重心在右脚

5&6 向左恰恰步

7–8 右脚在左脚后交叉，重心在左脚

【3×8】踏步

1–4 右脚、左脚原地踏步 4 次

5–8 左转 1／4 同时右脚、左脚原地踏步 4 次（面向 9:00）

【4×8】踏步

1–4 左转 1／4 同时右脚、左脚原地踏步 4 次（6:00）

5–8 左转 1／4 同时右脚、左脚原地踏步 4 次（3:00）

【5×8】踏步，敬礼

1–2 左转 1/4 同时右脚、左脚依次踏步

3–4 敬军礼

（2）《红星闪闪》英文舞谱

Count：32

Wall：4

Level:Beginner

Choreographer：Yang Jiang

Music：Shining of the Red Star by Xintian Li

【1×8】Step Forward、Step back

1-4 Step forward right，left，right，left

5-8 Step back right，left，right，left

Hand Option: lift hands on both side and open fingers while wrist rotation from the inside to the outside.

【2×8】V–Step

1-2 Step right diagonally forward，Step left diagonally forward

3-4 Make 1/4 turn right stepping right to side，Step left together （3:00）

5-6 Step right diagonally forward，Step left diagonally forward

7-8 Make 1/4 turn right stepping right to side，Step left together （6:00）

【3×8】Shuffle forward right，Shuffle forward left

1&2 Step right forward，Step left together，Step right forward

3&4 Step left forward，Step right together，Step left forward

5&6 Make1/2 Turn right stepping right forward，Step left together，Step right forward （12:00）

7&8 Step left forward，Step right together，Step left forward

【4×8】Bend Knees Jump

1-2 Jump，touch right heel to side

3-4 Jump，touch left heel to side

5-6 Jump，touch right heel to side

7-8 Jump，touch right heel to side

【5×8】Bend Knees，Kick

1-2 Bend knees，Kick right forward

3-4 Make 1/4 turn left bending knees. kick left forward （9:00）

5-6 Make 1/4 turn left bending knees. kick right forward （6:00）

7-8 Make 1/4 turn left bending knees. kick left forward （3:00）

【6×8】 Bump Knee

1-2 Step left next to right while touch right toe forward .hold

3-4 Step right next to left Bump left knee to forward change weight to right

5 Bump right knee to forward change weight to left

6 Bump left knee to forward change weight to right

7-8 Bump right knee to forward change weight to left

Hand Option: salute with right hand touch right side of your head

TAG

【1×8】 Chasses right, Chasses Left

1&2 Step right to right side, step left together, Step right to right side

3-4 Cross left behind right, Recover weight on right

5&6 Step left to left side, step right together, Step left to left side

7-8 Cross right behind left, Recover weight on left

【2×8】 Chasses right, Chasses Left

1&2 Step right to right side, step left together, Step right to right side

3-4 Cross left behind right, Recover weight on right

5&6 Step left to left side, step right together, Step left to left side

7-8 Cross right behind left, Recover weight on left

【3×8】 Walk

1-4 Stepping in place right, left, right, left　（12:00）

5-8 Make 1/4 turn left stepping in place right, left, right, left （9:00）

【4×8】 Walk

1-4 Make 1/4 turn left stepping in place right, left, right, left （6:00）

5-8 Make 1/4 turn left stepping in place right, left, right, left （3:00）

【5×8】 Walk

1-2 Make 1/4 turn left stepping in place right, left （12:00）

3-4 Pause

Hand Option: salute with right hand touch right side of your head and hold styling.

三、舞谱术语中英文对照

序号	中文术语	英文术语
1	级别	Level
2	初级	Beginner
3	中级	Intermediate
4	高级	Advanced
5	节拍	Count
6	方向	Wall
7	编创者	Choreographer
8	音乐	Music
9	音乐速度	Tempo
10	每分钟节拍数	Bpm
11	切音	Syncopation
12	间奏	Tag
13	重拍	Accent
14	轻拍	Tap
15	乐句	Phrased
16	停顿	Break
17	前	Front Wall
18	后	Back Wall
19	右侧方向	Right Side Wall
20	左侧方向	Left Side Wall
21	对角线	Diagonal
22	右前方	Forward/Right Diagonal
23	左前方	Forward/Left Diagonal
24	右后方	Back/Right Diagonal
25	左后方	Back/Left Diagonal
26	顺时针方向	Clockwise
27	逆时针方向	Counter clockwise
28	度数	Degree
29	向前	Forward
30	向后	Back fordward
31	后	Back
32	在后	Behind

（续表）

序号	中文术语	英文术语
33	姿势	Attiude
34	身体角度	Body angle
35	身体倾斜	Body sway
36	身体滚动或波浪	Body roll
37	髋部绕环	Hip roll
38	还原	Recover
39	原地	In place
40	保持、停住	Hold
41	击掌	Slap
42	肩膀摆动	Shimmy
43	基本步	Basic step
44	弹跳	Bounce
45	屈膝提踵	Knee pops
46	左点	Point left
47	右点	Point right
48	双脚跳	Jump
49	开合跳	Jumping jacks
50	扫荡步	Sweep
51	滑冰步	Skate
52	剑刺步	Lunge
53	滑动步	Slide
54	旋转步	Spin
55	急速移动	Scoot
56	踩脚	Stomp
57	踩踏步	Stamp
58	推动步	Push step
59	跨步	Stride
60	华尔兹	Waltz
61	闲散步	Stroll
62	桑巴步	Samba step
63	跳步	Skip
64	闪烁步	Twinkle
65	右闪烁步	Twinkle right
66	左闪烁步	Twinkle left
67	水手步	Sailor step

（续表）

序号	中文术语	英文术语
68	右水手步	Sailor step right
69	左水手步	Sailor step left
70	剪刀步	Scissors
71	右剪刀步	Scissor right steps
72	左剪刀步	Scissor left steps
73	盒子步	Box steps
74	右前进盒子步	Box step forward right
75	左前进盒子步	Box step forward left
76	向右盒子步	Box step side right
77	向左盒子步	Box step side left
78	爵士盒步	Jazz box
79	向右爵士盒步	Jazz box right
80	向左爵士盒步	Jazz box left
81	1/4 向右爵士盒步	Jazz box 1/4 turn right
82	1/4 向左爵士盒步	Jazz box 1/4 turn left
83	伦巴盒步	Rumba box
84	右向前伦巴盒步	Rumba box forward right
85	左向前伦巴盒步	Rumba box forward left
86	右向后伦巴盒步	Rumba box back right
87	左向后伦巴盒步	Rumba box back left
88	右伦巴盒步	Rumba box side right
89	左伦巴盒步	Rumba box side left
90	曼波步	Mambo step
91	向前曼波	Forward mambo
92	向后曼波	Back mambo
93	向右曼波	Right mambo
94	向左曼波	Left mambo
95	海岸步	Coaster step
96	右海岸步	Coaster step right
97	左海岸步	Coaster step left
98	交叉海岸步	Coaster cross
99	摇摆步	Rock step
100	右脚向前摇摆步	Rock forward right
101	左脚向前摇摆步	Rock forward left
102	右脚向后摇摆步	Rock back right

（续表）

序号	中文术语	英文术语
103	左脚向后摇摆步	Rock back left
104	向右摇摆步	Rock right
105	向左摇摆步	Rock left
106	摇椅步	Rocking chair
107	右脚向前摇椅步	Rocking chair forward right
108	左脚向前摇椅步	Rocking chair forward left
109	锁步	Lock
110	右前进锁步	Lock forward right
111	左前进锁步	Lock forward left
112	右后退锁步	Lock back right
113	左后退锁步	Lock back left
114	恰恰步	Shuffle/Chasses
115	右前进恰恰步	Shuffle forward right
116	左前进恰恰步	Shuffle forward left
117	右后退恰恰步	Shuffle back right
118	左后退恰恰步	Shuffle back left
119	向右恰恰步	Chasses right
120	向左恰恰步	Chasses left
121	交叉步	Grapevine
122	向右交叉步	Grapevine right
123	向左交叉步	Grapevine left
124	1/4 向右交叉步	Grapevine right 1/4 turn
125	1/4 向左交叉步	Grapevine left1/4 turn
126	快速侧交叉步	Syncopated grapevine
127	纺织步	Weave step
128	右纺织步	Weave right
129	左纺织步	Weave left
130	骆驼步	Camel walk
131	右前进骆驼步	Camel walk right
132	左前进骆驼步	Camel walk left
133	扫步	Brush
134	右前扫步	Brush forward right
135	左前扫步	Brush forward left
136	右后扫步	Brush back right
137	左后扫步	Brush back left

（续表）

序号	中文术语	英文术语
138	扫步右交叉	Brush forward right
139	扫步左交叉	Brush forward right
140	平衡步	Balance step
141	右前进平衡步	Balance step forward right
142	左前进平衡步	Balance step forward left
143	右后退平衡步	Balance step back right
144	左后退平衡步	Balance step back left
145	1/2 向右平衡步	Balance 1/2 turn right
146	1/2 向左平衡步	Balance 1/2 turn left
147	交叉	Cross
148	右交叉	Cross right
149	左交叉	Cross left
150	右交叉拖步	Cross shuffle right
151	左交叉拖步	Cross shuffle left
152	右后交叉摇摆步	Cross rock back right
153	左后交叉摇摆步	Cross rock forward left
154	右前交叉摇摆步	Cross rock forward right
155	左前交叉摇摆步	Cross rock back left
156	交叉拖步	Cross shuffle
157	古巴步	Cross motion
158	提左膝	Hitch left
159	提右膝	Hitch riht
160	左转圈步	Rolling full turn left
161	右转圈步	Rolling full turn right
162	急速移动	Scoot
163	扫步	Scuff
164	左拖步	Scuff left
165	右拖步	Scuff right
166	扭转步	Sugarfoot
167	右扭转步	Sugarfoot right
168	左扭转步	Sugarfoot left
169	摆荡步	Swivel
170	右摆荡步	Swivel right
171	左摆荡步	Swivel left
172	右三连步	Triple step right

（续表）

序号	中文术语	英文术语
173	左三连步	Triple step left
174	1/4 向右三连转	Triple 1/4 turn right
175	1/4 向左三连转	Triple 1/4 turn left
176	1/2 向右三连转	Triple 1/2 turn right
177	1/2 向左三连转	Triple 1/2 turn left
178	3/4 向右三连转	Triple 3/4 turn right
179	3/4 向左三连转	Triple 3/4 turn left
180	弹踢	Kick
181	右弹踢	Kick forward right
182	左弹踢	Kick forward left
183	右弹踢换腿	Kick ball change right
184	左弹踢换腿	Kick ball change left
185	右弹踢交叉	Kick ball cross right
186	左弹踢交叉	Kick ball cross left
187	摆髋	Bump
188	右前进摆髋	Hip bumps forward right
189	左前进摆髋	Hip bumps forward left
190	右后退摆髋	Hip bumps back right
191	左后退摆髋	Hip bumps back left
192	右扇步	Toe fan right
193	左扇步	Toe fan left
194	右脚前点踏步	Toe strut forward right
195	左脚前点踏步	Toe strut forward left
196	右脚后点踏步	Toe strut back right
197	左脚后点踏步	Toe strut back left
198	脚跟左擦步	Heel grind left
199	脚跟右擦步	Heel grind right
200	脚跟钩步	Heel hook
201	脚跟踏点步	Heel jack
202	脚跟左踏点步	Heel jack left
203	脚跟右踏点步	Heel jack right
204	阔步	Heel strut
205	左阔步	Heel strut left
206	右阔步	Heel strut right
207	脚跟交换步	Heel switch

（续表）

序号	中文术语	英文术语
208	左脚跟交换步	Heel switches （lead left）
209	右脚跟交换步	Heel switches （lead right）
210	脚跟转步	Heel swivel
211	曼特律转	Monterey turn
212	1/2 向右曼特律	Monterey 1/2 turn Right
213	1/2 向左曼特律	Monterey 1/2 turn Left
214	轴心转	Pivot turn
215	1/4 右轴心	Pivot 1/4 right
216	1/4 左轴心	Pivot 1/4 left
217	1/2 右轴心转	Pivot 1/2 right
218	1/2 左轴心转	Pivot 1/2 left
219	3/4 右轴心转	Pivot 3/4 right
220	3/4 左轴心转	Pivot 3/4 left
221	轴转	Turn
222	1/1 转	Full turn
223	1/2 转	Half turn
224	1/4 转	Quarter turn
225	3/4 转	Three quarter turn
226	点踢转	Paddle turn
227	军式轴转	Military pivot
228	军式转	Military turn

第四节　编写舞谱的注意事项

一、舞谱用语应简单易懂

简明、易懂的舞谱能使学习者清晰、快速地掌握一首排舞曲目。简单意味着用最少的词，易懂就是用最清楚的词句。在编写舞谱时，你想多加些词汇，以期把舞步描述得更清楚是徒劳的。正如一尊雕塑，它追求的是整体效果，而不是把每个部位都刻画得惟妙惟肖，舞谱的编写也是如此。

二、要熟悉英文的表达方式

用英文编写舞步组合时，不要试图用"创造性"的词汇来表达已有的舞步组合。表 3-2 很清晰地把常用舞步组合记写方式呈现出来了。尤其要注意中文用 A-B-C 的顺序记写舞步，英文则是用 C-B-A 的顺序记写；用向左、向右来表述转体方向而不用顺时针或逆时针转；用分数来表示转体度数而不是用 90°、180°等。

三、舞步记写要前后一致

所谓一致就是舞步的记写要全文统一。例：中文记写右脚向前一步和向前一步用右脚；英文记写 Step forward on right 和 Step right forward 都表示同一意思。如果一个意思在舞谱中用不同的方式表达，就会降低舞谱的可读性、严谨性。

四、舞步和身体动作不要同时记写

记写舞步时如需同时说明手臂、臀部、肩部等部位的动作，一定要分开记写。这样比较清晰，也容易理解。例：左脚前踢，同时头右转，左手手指指向天空。而不能写成并列句，即左脚前踢的同时头右转和左手手指指向天空。

五、熟悉各类舞步动作

认真学习并熟练掌握排舞运动术语的内容，对舞谱编写尤为重要。正确的舞步记写，能加深对排舞作品的理解和风格的把控。如：恰恰步、锁步和三连步；轴转（pivot）和转（turn），这些舞步动作虽很相似，但能体现不同的曲目风格。

第五节　排舞运动曲目申报方法

一、撰写舞谱

国际排舞协会要求创编者在曲目申报时应包括以下内容：

1. 曲目名称；

2. 创编者；

3. 舞步组合的节拍数；

4. 曲目的方向变化；

5. 曲目的难度级别；

6. 所选用音乐的出处；

7. 每一个 8 拍重点舞步的名称；

8. 舞步动作的具体说明：如舞步组合中需要有间奏或中断，也会在舞谱中标出来。

二、拍摄视频

下面简单介绍使用 iPhone 进行视频拍摄。先进入 Camera 相机，滑动屏幕右下角的滑块进入视频拍摄模式，进入摄像模式后，按住屏幕进行对焦，对准要拍摄的舞蹈者。对焦完毕后，可以按下按钮开始拍摄，拍摄时屏幕显示已拍摄时长，要停止拍摄只需要再次按下开关。一旦拍摄完成，在屏幕左下角将出现一个视频片段的缩略图。按下屏幕中间的圆圈加三角 "play"，可以观看刚才拍摄的视频片段。进度条在屏幕上方，我们可以拖动它。拖动进度条左边或右边可以调整视频片段，点下 Trim 按钮来剪辑视频片段。按下屏幕左下角的分享按钮，可以把视频片段发送到邮箱或网站上去。

三、资料提交

把新编舞谱复制并粘贴在自己的邮箱里，这样能够保留编写的原本。然后以电子邮件的形式邮寄给 stacy@tampabay.rr.com，文件必须是 RTF 或 PDF 格式。为了便于修改，请在每行之间敲下回车键。在括弧中以时钟的形式说明排舞的方向——右转 45°（3 点）或（3:00）——建议用这种形式表示，并注明编舞的日期，填好自己的联系信息（姓名、电子邮件、网站、电话等）。

如果有新编的舞蹈视频，把拍摄好的排舞视频上传到网站，视频以 RMVB、FLV 或 MP4 的格式为宜。提交新编舞谱的时候把网站地址注明，这样便于专家能直观地审查新编舞蹈，提出修改意见。

第四章　排舞曲目的创编

排舞的创编，需要具有一定排舞技能和知识，熟悉各种风格的舞步动作和音乐内涵，掌握创编的基本原则和方法，紧紧抓住排舞表现手段的根本，在不断地总结与实践中，编排出好的排舞作品。音乐和舞步动作是排舞创编的主要环节。

第一节　排舞曲目创编原则

排舞的创编并不是将单个舞步动作简单地组合起来，而是动作间的有机联系、和谐配合。它是一项创造性的工作，是按照一定的原则，通过舞步间的合理编串，将排舞音乐风格、舞步特征、时空因素等有机地结合。

一、目的性原则

由于排舞音乐风格多样、舞步动作多元，因此编排目的任务不同，所选择的舞步动作结构和艺术处理相应不同。如果是教学目的，就可创编组合型或间奏型排舞，这样，更容易调动学生的学习积极性；如果是娱乐健身目的，就可创编组合型排舞，简单易学，风格多样；如果是竞赛目的，就可创编表演类型的排舞，动作多变，难度大，观赏性强。

二、针对性原则

在编排一套动作时，要充分考虑到对象的年龄特征、身体条件、技术水平和个性特点，充分发挥学习者的优势，避其弱点。在曲目风格的选择、舞步动作的设计及曲目的结构上也应考虑学习者的兴趣取向及个性特征。初学者一般多选用比较规范易学的基本舞步和动作技术；老年人适宜旋律较慢、技术难度低、动作内容重复次数较多的曲目；具有一定基础的学生则可选择幅度大、变化多、节奏快、力度强的复合技术。总之，编排要在学习者可以接受的水平和能力范围内，否则，欲速不达。

三、规律性原则

排舞创编的规律性原则体现在舞步组合的结构规律、舞步组合方向的变化规律和舞步的对称性规律。编者根据音乐旋律，确定舞步组合结构（完整型、组合型、间奏型、表演型）、舞步组合节拍数、舞步组合的方向。同时应充分体现舞步的对称性。只有掌握了排舞创编的规律性原则，才能编排出真正的排舞曲目。

四、形式美原则

在创作设计排舞曲目时必须遵循形式美原则。例如，整齐、层次、和谐、对比、均衡、节奏、多样和统一等表现形式，这样才能充分体现排舞的优美和艺术特征。在创编成套动作时，运用形式美原则，对成套动作的难度分布、高潮的出现要有一个合理严谨的布局和有层次的发展，通过对节奏的处理，利用刚柔力度、高低起伏和幅度大小等对比手法，表现每一个舞步的特色，同时还应注意动作的多样性、生动性以及音乐、舞步和身体动作的和谐一致，使整套动作更加优美、协调、流畅。

五、创新性原则

创新性是排舞创编设计的一项重要原则，没有创新亦不会有发展。当前，排舞的舞步更加新颖丰富，艺术性和表演性风格更加突出。同时还要考虑国内外学者的接受能力和适应国内外排舞发展的趋势。

第二节　排舞曲目创编要素

排舞曲目是由诸多要素构成的，主要由音乐、风格、舞谱、时空要素构成。

一、音乐要素

音乐是排舞运动的"魂"，舞步是音乐的外在表现形式。音乐节奏、旋律、和声与舞步、造型、组合的浑然一体，使音乐通过排舞诠释变成了"看"得见的艺术，而排舞通过音乐的表达也变成了"听"得见的艺术。排舞通过音乐的旋律、节奏、和声和音色表达主题思想和意境，培养和表达动作感情。优秀的排舞专家总是选择最恰当的音乐语言来表现作品内涵的。

1. 旋律

旋律即曲调，是塑造音乐艺术形象所必需的重要手段。音的高低、长短、强弱按创作者的意图结合起来，就形成旋律。一支排舞作品的音乐旋律线常常被分成若干个乐句，就像说话时要停顿一样。那么，旋律是如何表达情感的呢？一般来说，上行旋律可以表达喜悦、向上、光明、胜利等情绪和感觉。反过来，下行旋律表达忧伤、哀愁、苦闷、失望的情绪。虽然用来构成旋律要素的通常只有 7 个音符，但是它们构成的旋律却是无限的。排舞的音乐旋律大部分都采用上行旋律，每一首排舞曲目的音乐旋律都能体现一定的个性，具有特别的审美价值。例如：排舞《爱尔兰之魂》，舞曲旋律轻松、欢快，带给舞者一种爱尔兰民间风情的感受。再如，排舞《我还活着》，以其甜美、婉转的旋律，把人们带入美好的梦境中，令人陶醉不已。

2. 节奏

节奏是指音乐的速度，是音乐构成中的重要因素。音乐节奏的测量方法是按照每分钟节拍数来计算。通常情况下节奏的含义有两种：广义地讲，一切协调、平衡、律动都可以称之为节奏。狭义地讲，节奏是音的长短关系。

在音乐作品中，具有典型意义的节奏，叫节奏型。例如在华尔兹风格的排舞曲目中，多用 3 / 4 拍的音乐，其节奏是"蓬、嚓、嚓，蓬、嚓、嚓"。在乐曲中运用某些具有明显特点的节奏型的重复，使人易于感受，便于记忆，也有助于乐曲结构上的统一和音乐形象的确立，所以它在音乐表现上意义重大。节奏还有一种激发听众的情绪的功能，使之不由自主地使身体动作与乐曲形成共鸣。排舞的乐曲大多选用了节奏较为鲜明的迪斯科、拉丁、爵士以及摇滚乐，正是由于这一特点，迎合了现代人喜欢节奏鲜明、富有强烈韵律感的特性，因而使得这项运动风靡世界。

节奏变化和旋律变化的有机结合，使音乐作品获得内在的生命力，成为一个生机勃勃的发展进程。宽广的节奏，给人宏伟壮丽的感觉；密集的节奏，给人活泼紧张的感觉；规整的节奏给人一种庄重、平稳的感觉；自由的节奏给人舒展开阔的感觉。节奏的合理运用会使音乐形象和情绪得到加强和完善。音乐作品的节奏也是作品的个性和风格的展现，它能使作品旋律流畅，富有活力。

节拍是音乐中有规律的重音，按照一定的次序循环重复形成的，一般由鼓声或低音吉他演奏出来，拍子分为重拍和轻拍。例如，在排舞列队进行中整齐的步伐，就充分体现了这一特点，在进行中假定左脚带重音，右脚不带重音，左-右-左-右就形成重-轻-重-轻，即为节拍。

用来构成节拍的每一时间片段，叫作一个单位拍。为了构成节拍而使用的重音，叫做节拍重音。有重音的单位拍叫作强拍或重拍，无重音的单位拍叫作弱拍。在音乐中，各种拍子都有它所特有的表现作用，是其它拍子所不能代替的，如进行曲总是用两拍子，圆舞曲总是用三拍子，两者绝对不能互换。此外，复杂的拍子往往会给音乐赋予特殊的活力，像爵士乐、摇滚乐就是这样的例子。

3. 音色

音色是指音乐中乐器或嗓音的音质。人声的音色可以说是最美丽最富有表现力的音色了。男高音色彩明朗、辉煌，充满无穷魅力；女高音则明亮、华丽、优美；男中音深沉、雄浑，富有力量；女中音柔美、宽厚。这些声音的特有色彩常规范出它们在各类作品演唱中的艺术表现力。如英雄气概的作品以男高音演唱为佳，秀丽婉转的情歌以女高音演唱为好。乐器的音色种类就更丰富了。在器乐作品中，各种乐器都代表一定的个性和音乐形象。小提琴的纤柔灵巧，大提琴的深沉醇厚，双簧管的优雅甘美，小号的英雄气概等等。作曲家对于音色的运用非常讲究，这些各种各样的声音特质对他们来说，就像是画家手中的色彩一样，会令他们的旋律、和声、节奏、力度产生鲜明的效果。

4. 和声

和声是由一系列相互之间有联系的和弦组成，传统和声的基本组织是和弦。每一个和弦至少由三个音组成，比如多、米、索或发、啦、多。一个和弦本身没有什么意义，要一连串的和弦才能形成音乐。这些和弦本身的功能以及它们之间的关系，就是所谓"有机联系"。不同的和声结合方式与和声音响效果，在音乐中起着明暗、浓淡的对比功能，就像绘画中色彩的对比功能一样。和声是靠谐和的和声与不谐和的和声组合方式产生的稳定与不稳定，把音乐推向前进。音乐和声的成功有助于人们对排舞作品的内涵及创作思路给予深刻的理解与剖析。

5. 音乐种类

排舞音乐几乎包含了欧洲、美洲以及非洲大陆所有音乐形式。排舞音乐旋律优美，有的轻松欢快，有的高昂激荡，有的节奏强劲，有的则缠绵深情。一听到优美的音乐旋律，人们运动的欲望便立即被唤起，情不自禁地伴着音乐扭动起来。下面介绍排舞较为常见的几种音乐类型。

（1）乡村音乐

乡村音乐和排舞有着深厚的渊源，在美国，乡村音乐一度成为排舞的同义词，乡村音乐这个名字最早出现在中世纪英国，和乡村舞蹈一样，是当时英国乡村民间歌舞中的一种音乐形式。在 20 世纪 20 年代的时候，这种音乐形式渐渐在美国西部英国移民的后裔中兴起。直到进入 20 世纪之前，这些英国移民的后裔们还隔绝于都市生活之外，过着农牧生活，并且保留了从大西洋彼岸带来的社会习俗和宗教传统。那时候乡村音乐的内容，除了表现劳动生活之外，厌恶孤寂的流浪生活，向往温暖、安宁的家园，歌唱甜蜜的爱情以及失恋的痛苦等都有。在唱法上，乡村音乐的形式多为独唱或小合唱，用吉他、班卓琴、口琴、小提琴伴奏。乡村音乐的曲调，一般都很流畅、动听，曲式结构也比较简单，多为歌谣体、二部曲式或三部曲式。

当时，在美国西部地区流行的音乐有三种主要形式，正是这些形式构成了乡村音乐的基础。第一种是叙事歌曲和民谣，其形式是分节歌，也就是说，用同样的旋律配上许多段不同的歌词。歌词是有"情节"的，内容有历史人物，也有神话传说。过去，这种歌曲是没有伴奏的，完全是叙事性的民歌，并且形成了一些固定的形式和广泛的流行名曲。第二种是民间舞曲，流传最广的是号管舞曲和吉格舞曲，起初用民间制作的小提琴演奏，后来也用吉他和班卓琴，演奏者往往采用现成的旋律加以发挥，大量地使用装饰音，技巧复杂，十分花哨，其旋律与叙事歌、舞曲大同小异，但是都是合唱形式，配成三部或四部和声。第三种是福音歌曲，又称复兴赞美歌，这种风格兴起于 19 世纪末，其主要特点与当时美国宗教音乐的主流是一致的，主调音乐的写法、三度叠置的功能性和声、用重复某些词句的叠歌结束等等。但是，歌词的内容多为个人的宗教寄托（在教堂歌曲中，内容主要是赞美上帝），演唱时十分热情，充满活力。这些音乐的演唱风格都是带鼻音的，歌手加入很多装饰音，对习惯传统音乐的、有文化的城里人来说，这种音乐是粗俗、刺耳、没有教养的。

1925 年，美国田纳西州纳西维尔建立了一家广播电台，开办了一个"往昔的格局——老乡音"的专栏节目，邀请了一位名叫杰米·汤普森的 81 岁的民间歌手演唱，节目受到听众们的热情欢迎。从此，人们统称这种音乐为"乡村音乐"。乡村音乐成为美国劳动人民最喜爱的音乐形式之一。在美国，"蓝领"指的是下层人，故这种音乐又称为"蓝领音乐"。纳西维尔电台自开办"往昔的格局——老乡音"节目之后，延续数十年，成为该台名牌节目。而纳西维尔市也被公认为"美国乡村音乐的白宫"，所有乡村歌手都被视为"乡村音乐的圣地"。

20 世纪 40—50 年代，乡村音乐来到大城市，受到其他乐队的影响，加进了钢琴、其他乐器和电声扩音，那时人们称这种音乐为"纳什维尔"。由美国国家录音艺术学院举办的"格莱美奖"是其中的最高奖项。乡村音乐的两个最重要的组成部分是弦乐伴奏（通常是吉他或是电吉他，还常常加上一把夏威夷吉他和小提琴）及歌手的声音。乡村音乐抛开了在流行乐中用得很广的"电子"声（效果器）。最重要的是，歌手的嗓音是乡村音乐的标志，乡村音乐的歌手几乎总有美国西部的口音，至少会有乡村地区的口音。然而，与音乐本身同样重要的是音乐所包含的内容，在这一点上，乡村音乐与流行乐，摇滚、说唱乐以及其他流派非常不一样。乡村音乐一般有九大主题，即爱情、失恋、牛仔幽默、找乐、乡村生活方式、地区的骄傲、家庭、上帝与国家。前两个主题绝不是乡村音乐所独有的，但是后六大主题则是把乡村音乐与其他的美国流行音乐流派区分开来。大约从 30 年代末期开始，乡村音乐在商业化过程中逐渐减少了粗野的成分，采用更为讲究的和声和伴奏技巧，并产生了一批著名的歌星，在城市中广泛流传，一度成为流行音乐的主流。

（2）迪斯科

20 世纪 70 年代，美国出现了一种唱片夜总会。这里伴舞用的音乐既不是爵士，也不是摇摆乐和摇滚乐，而是一种节奏强烈、单一为"蓬-蓬-蓬"的流行乐唱片，它就是迪斯科。迪斯科不应算是流行音乐中的一个流派，而是对乐曲进行特殊的改编，不管是现代还是古典曲目，都可以变成迪斯科舞曲，它的重点放在了节奏和打击乐上。由于电子乐器和电子合成器的不断完善，一些乐手充分利用了现代电声音响设备，将电子舞鼓和高、低音吉他等各种乐器与电子合成器进行技术性的编配、制作，使他们产生奇异、节奏强烈的音响。它给舞者尤其是青年人以极大的感官刺激，常常使他们产生不可抑制的狂热情绪。迪斯科音乐大多带唱，与摇滚相比，它的特点是强劲、不分轻重地、像节拍器一样作响的 4/4 拍子，歌词和曲调简单，节拍是双拍子，曲调就那么几句来回反复，速度比进行曲略快，每分钟约为 125 拍。

人们很难查明哪一首歌是第一首迪斯科歌曲，因为迪斯科是各类音乐风格的混合体，迪斯科经常在录音室进行音响合成，制成唱片，但终因节奏单调，风格雷同，于80年代初逐渐被其他节奏并不显著、速度稍慢的流行舞曲所代替。

（3）爵士乐

爵士乐可以说是欧洲文化与非洲文化的混合体。它于19世纪末20世纪初诞生于美国，吸取了布鲁斯和拉格泰姆音乐的特点，以丰富的切分节奏和自由的即兴演奏形成了爵士乐显著的特点。经历不到一个世纪的演变和发展，爵士乐突破了地域、种族和国界的局限。成为现代世界性的音乐。爵士乐以多种形式呈现出繁荣景象，从民间蓝调、拉格泰姆，经过新奥尔良爵士、现代爵士、自由爵士及电子爵士。在爵士乐发展历程中，每一种形式都相当重要，都保持了自己的特色而流传至今。

爵士乐有以下几大特征：

第一，变化多端、风格多样。爵士乐从起源、发展到今天几乎总是在变化，但各种风格间都有着一定的联系。第二，即兴演奏。即兴是爵士乐的一个最基本的要素，一些音乐家把即兴用作爵士乐的代名词。爵士音乐一般在大家的合奏中有一个主题的框架，然后又在一个固定的和弦变化之下发挥每一个乐士即兴的演奏水平，他们只有一个主弦律的总谱以及一个和弦的变化图，而其余的都完全依靠演奏时的临场发挥。第三，强烈的动感。爵士乐的节奏相当复杂，而且与古典节奏有很大不同。和声方面不仅有自然和声、变化和声等传统和声，而且还有很多古典乐曲中极少见的特别和弦。这使音乐产生一种特殊的紧张感和驱使感。第四，节奏与重音的多变。爵士乐广泛使用切分节奏，也就是随时随地改变节拍重音的自然规律，节拍重音或先现或延迟，给人一种摇晃不定、灵活多变的感觉，形成了与众不同的律动效果。

（4）摇滚乐

摇滚乐是黑人节奏布鲁斯与白人乡村音乐相融合的一种音乐形式，20世纪50年代早期发展于美国，后遍及世界。就其使用的乐器而言，它以吉他、贝司、鼓为主，加上大功效的音响和诸多效果来表现音乐的形式；就其风格而言，它分为布鲁斯、摇滚、重金属、朋克、放克、雷鬼、说唱乐等等。摇滚乐产生于战后社会矛盾不断激化的生活现实中。因此，歌词常反映社会内容，有反叛意味，它直白的喊唱与强劲的节奏是青年人不堪生活压力下的宣泄。

20世纪50年代，在英国，由著名摇滚乐明星约翰·列农组织成立了一个名叫"甲壳虫"的演唱组，叫披头士乐队。披头士乐队的摇滚风格，在当时深深地影响了世界流行音乐的发展。几乎是在列农组成"甲壳虫"乐队的同时，美国也升起了一颗摇滚新星。他就是被人们尊之为"美国摇滚乐之王"的普雷斯利，绰号"猫王"。埃尔维斯·普雷斯利创下了世界唱片发行量的纪录，成为流行音乐界前所未有的创举，在西方，埃尔维斯·普雷斯利成了青年人心目中的偶像。

(5) 节奏布鲁斯

节奏布鲁斯是在20世纪40年代中期出现并广泛地传播开来，它是在城市布鲁斯的基础上结合了摇摆乐和钢琴音乐布吉的特点，使节奏变得更加有力，更加突出持续不断、向前推进的节奏。节奏布鲁斯还保留了黑人音乐即兴演奏的传统，合奏时仍然采用了不断反复的12小节布鲁斯曲式与和声框架。

节奏布鲁斯当时出现的时候甚至还没有名字，但这个词一出现，就迅速、广泛地传播开去。时至今日，节奏布鲁斯已经成为黑人流行音乐的代名词，尽管它更多的是作为一种区别于说唱乐、灵魂乐、都市歌的音乐种类被特殊的听众和唱片世界人士提及，被认为是所有黑人音乐除了爵士乐和布鲁斯之外，都可判作节奏布鲁斯，可见节奏布鲁斯的范围是多么的广泛。近年黑人音乐圈大为盛行的嘻哈和说唱都源于节奏布鲁斯，并且同时保存着不少成分。

早期的摇滚乐就是以节奏布鲁斯为基础的，它是受流行音乐影响的"乡村和西部音乐"延展而来，节奏布鲁斯不仅仅是在布鲁斯和摇滚乐之间的一种重要的过度音乐，它还是布鲁斯和灵魂乐之间重要的音乐分支。当然，布鲁斯无疑是节奏布鲁斯的一个重要组成部分，但爵士乐元素对于节奏布鲁斯也同等重要，最早的节奏布鲁斯艺术家就是来自大乐队和摇摆爵士领域。当今的节奏布鲁斯已失去了原有的布鲁斯特征。反而融进了更多的摇滚及流行音乐成分，强调反拍的律动成了他的主体，也使其变得更加商业化。

但是，尽管节奏布鲁斯从诞生之初至今已经改变了许多，但它依然保留了摇滚乐、灵魂乐、爵士乐和说唱乐中极其重要的部分，并且在音乐的背后发挥着作用。

(6) 拉丁音乐

所谓的拉丁音乐指的是从美国与墨西哥交界的格兰德河到最南端的合恩角之间的拉丁美洲地区的流行音乐。拉丁美洲是一个多民族的组合，因此拉丁音乐是以多种音乐的融合而形成的一种多元化的混合型音乐。无论是欧洲的白人音乐、非洲的黑人音乐还是美洲的印第安音乐，甚至是东方的亚洲音乐，都对拉丁音乐作出过不同的贡献。它们经过长期的沉淀，在以欧洲文化为主体的基础上，大量地吸取了印第安文化和非洲黑人文化的各种因素，逐渐形成了一种多姿多彩、充满活力、充满动感的拉丁文化。

拉丁音乐主要是由以上三种文化结合而成。这三种文化结合同样体现在音乐的旋律、节奏上。在旋律上，印第安人提供基本的五声音阶模式，欧洲音乐的影响表现在扩展音阶、增加和弦上，黑人则增加了更多的变化和修饰；在节拍和节奏上，印第安人坚持短句长休止，用单调的击鼓声作伴奏，欧洲人的节奏主要是西班牙的典型的 3 / 4 拍与 6 / 8 拍的双重节拍，非洲黑人的影响主要是在几乎不变的 2 / 4 拍内加入切分音。

拉丁音乐的发展大致可以分为四个阶段：①纯粹的印第安曲调，五声音阶；②印第安音乐的"混合化"，产生出类似欧洲大小调的印欧混血品种；③"混合再混合"，就是用非洲黑人的装饰音和变化装饰音使其进一步发展；④"三次混合"，就是在以上的基础上融进了现代化的乐器和制作，使其更加国际化。1979年，格莱美颁奖晚会上出现了最佳拉丁唱片奖，后又分设各种拉丁音乐奖。从此，拉丁音乐开始遍布全球，真正地走向国际舞台。在拉丁美洲的众多国家中，以巴西和古巴为首的拉丁音乐，更是走在世界流行音乐的前列。

拉丁音乐是一种以节奏为中心的流行音乐。它的节奏所具有的不仅仅是简单的强弱规律，而是作为一种音乐的灵魂使其上升到主导地位。拉丁音乐中常见的有恰恰、曼波、伦巴、桑巴等风格。

二、风格要素

排舞动作有其自身的规律性，不同风格的曲目有其独特的舞步动作，不同风格的舞步表现出不同的情绪。所以一定要根据曲目风格，创编与之匹配的舞步动作。

1. 拉丁风格

《魅力恰恰》是一支具有浓烈恰恰风格的完整型排舞。这首曲目由四个八拍组成一个舞步组合，通过四个方向的循环，形成一首完整的排舞曲目，作者较多地运用了恰恰步、摇摆步、走步等恰恰风格的舞步元素。恰恰风格的排舞舞步利落花哨，风格诙谐风趣，步频较快。在排舞中恰恰风格非常多见，许多节奏感较为鲜明的乐曲都可以创编成恰恰风格的排舞。

《桑巴·恰恰》是一支融桑巴和恰恰风格为一体的完整型排舞。这首曲目热情奔放，节奏动感，有很强的感染力。只要音乐响起，人们仿佛进入了一场声势浩大的歌舞盛会。这首曲目由四个八拍组成一个舞步组合，通过四个方向的循环，形成一首完整的排舞曲目，作者在创编过程中较多地运用了曼波步、杂耍步、桑巴步、三连步等桑巴和恰恰的舞步元素。桑巴风格的排舞富有动感，舞步摇曳多变，几乎任何类型的音乐都适用于桑巴风格的排舞。

《一起快乐》是典型的伦巴风格的完整型排舞。这首曲目由八个八拍组成一个舞步组合，通过四个方向的循环，形成一首完整的排舞曲目，作者在创编过程中较多地运用了纺织步、伦巴盒步、扫步、摇摆步、闪亮步等伦巴风格的舞步元素。伦巴风格的排舞，舞步婀娜款摆，舒展缠绵。

2. 踢踏舞风格

《爱尔兰之魂》是典型的爱尔兰踢踏风格的间奏型排舞。音乐选自《大河之舞》片段，激昂的小提琴、悠扬苍凉的风笛仿佛将我们带到了爱尔兰那如诗的旷野上。这首曲目是由四个八拍组成一个舞步组合，通过四个方向的循环，形成一首完整的排舞曲目，《大河之舞》的创编者玛吉·加拉格尔在创作这首排舞曲目时，将复杂多变的脚尖脚跟的过渡敲击动作简单艺术化，大量运用了爱尔兰踢踏舞的戳跺动作和重心快速移动的基本技术。

《舞动的小提琴》也是一首爱尔兰踢踏舞风格的组合型排舞曲目。音乐选用的是著名踢踏舞作品《火焰之舞》的小提琴合奏曲，悠扬的小提琴旋律、浓郁的民族特色，展示出爱尔兰人开朗、热情、充满活力的精神。这首曲目由A、B两个组合构成，A组合音乐激昂动感，动作快速、刚劲；B组合与A组合形成鲜明对比，音乐悠扬抒情，动作舒展大方。同属爱尔兰踢踏舞风格的这两首排舞曲目较多地运用了跺脚步、摇椅步、海岸步、摇摆步、纺织步、戳步、拖步、脚跟点地、脚尖点地、走步、踏车步及轴心转等舞步元素。气势磅礴的爱尔兰踢踏舞步，让人在观赏时目不暇接，瞬间拉近了高雅艺术与普通老百姓的距离，在娱乐健身的同时，又体会到爱尔兰民族的独特文化魅力。

3. 华尔兹风格

《得克萨斯华尔兹》，顾名思义，是一首融入了华尔兹风格的排舞曲目。缠绵深情的音乐旋律，勾勒出一幅安宁、甜美的农家生活的唯美画面，表达了人们对幸福生活的憧憬。这首曲目由十六个三拍组成一个舞步组合，通过四个方向的循环，形成一首完整型的排舞曲目。

《美丽的家乡》也是一首华尔兹风格的排舞曲目。这首曲目音乐节奏轻快、旋律流畅，讲述的是身处异乡的游客对故乡的无限思念，歌颂了作者对故乡的热爱。这首曲目由十六个三拍组成一个舞步组合，通过四个方向的循环，形成一首完整型排舞曲目。这两首华尔兹风格的排舞曲目大量地运用了拖步、平衡步、摇摆步、闪烁步、转身等舞步动作。华尔兹舞步三步一起伏循环，通过膝、踝、足底、跟掌趾的动作，结合身体的升降、倾斜、旋转，带动舞步移动。华尔兹风格的排舞华丽高雅、秀美潇洒、舞步起伏流畅，优美柔情。

4. 东方舞风格

《印度制造》是一首具有浓烈东方舞风格的间奏型排舞曲目。这首曲目由四个八拍组成一个舞步组合，通过四个方向的循环，形成一首完整的排舞曲目，作者在创编时运用了大量印度舞元素，使舞蹈带有一种朦胧的神秘色彩。

《土耳其之吻》也是一首具有东方舞风格的间奏型排舞曲目。音乐选用的是土耳其国际巨星塔尔康的流行歌曲《土耳其之吻》。这首欢快活泼、满载异国风情的旋律，深受观众喜爱，曾经还被作为肚皮舞练习的专用音乐。这首曲目由四个八拍组成一个舞步组合，通过四个方向的循环，形成一首完整的排舞。作者在创编过程中较多地运用了剪刀步、水手步、弹踢换脚、海岸步、恰恰步、摇椅步、摇摆步等舞步动作来演绎土耳其的异国风情。

东方舞风格的排舞曲目最明显的特点就是身体语言异常丰富，尤其手部动作更是变幻莫测，再加上身体各部分的配合，其姿势优美绝伦。

5. 波尔卡风格

《昆力奔驰》《原子波尔卡》是具有波尔卡风格的排舞代表曲目。波尔卡是一种轻快活泼的舞蹈，捷克语为"半步"。描述的是一只脚与另一脚按 2 / 4 拍子飞快交替。《昆力奔驰》是一首轻松欢快的乐曲，仿佛把我们带到了辽阔的大草原。那里蓝天白云、青山绿水，人们载歌载舞，其乐融融，尽情享受着大自然的温暖、快乐、自由、祥和。这首曲目由四个八拍组成一个舞步组合，通过两个方向的循环，形成一首完整型的排舞曲目。《原子波尔卡》由八个八拍组成一个舞步组合，通过四个方向的循环，形成一首完整型排舞。两首曲目大量地运用了跳步、滑步、海岸步、波尔卡步、脚跟、脚尖轮流击地等波尔卡舞步。

6. 街舞风格

《警察 Hip-hop》是一首融入了街舞风格的完整型排舞。这是一首写实的音乐，讲述的是警察与犯罪嫌疑人的精彩对白。音乐节奏强劲，运用了大量的切分音和较强的低音音效。这首曲目是由四个八拍组成一个舞步组合，通过四个方向的循环，形成一首完整的排舞曲目，作者运用了踢腿、转体、滑步、手臂和身体波浪等经典街舞动作编排这首曲目。

《非我所爱》是一首街舞风格的完整型排舞。音乐选用的是迈克尔·杰克逊音乐生涯最成功的单曲比莉·珍。超炫的节奏再加上迈克尔·杰克逊独一无二的嗓音，使这支单曲的风格开创了 20 世纪 80 年代流行音乐。这首曲目是由六个八拍组成一个舞步组合，通过两个方向的循环，形成一首完整型排舞，作者运用了踢腿、转体、交叉步及迈克尔经典的太空步和脚尖踮地的舞步元素。街舞风格的排舞其独特的魅力在于风格自由和舞步的迅速多变。虽不强调上肢动作，但要求全身尽量放松，保持双膝的弯曲缓冲状态，重视身体与舞步的节奏变化，同时强调动作的韵律感和爆发力。

7. 爵士风格

《来吧，大家跳起来》是一首具有爵士风格的组合型排舞。音乐讲述的是牧民们经过了一天的辛勤劳作，在傍晚时分围着篝火欢快跳舞的情景，表达了他们向往温暖、安宁家园的愿望。这首曲目由六个八拍组成一个舞步组合，通过两个方向的循环和一个不完整组合，形成一首完整的排舞曲目。作者较多地运用了弹簧步、跺脚步、滑步、顶髋、转体等舞步元素。

《摇摆时钟》是一首具有爵士风格的完整型排舞。音乐节奏欢快、动感，勾勒出一群热爱音乐的青年围着钟表摇摆到天明的情景，表达了歌手对音乐的喜爱，为了自己的梦想不懈努力与拼搏。这首曲目由六个八拍组成一个舞步组合，通过四个方向的循环，形成一首完整的排舞曲目。这首曲目的舞步动作非常简单，较多地运用了交叉步、摇摆步、海岸步等舞步元素。

现代爵士舞融合了芭蕾舞和 Hip-Hop 元素，它有着幅度大而简单的舞步，能够表现出复杂的舞感。要求身体延展的同时还要有极强的控制力和爆发力，而体现舞者的热情与奔放。

三、舞谱要素

唱歌要有歌谱，演奏乐器要有曲谱，创编好的排舞曲目以规范的形式写成舞谱后，才能成为一个完整的排舞作品。作者必须提交舞谱、音乐和视频到国际排舞协会，经过认证后向全世界推广。排舞舞谱是描述和记录舞步动作方法的工具，全世界的排舞专家和爱好者都是通过舞谱进行排舞的学习和交流。如果学习排舞永远采用"跟我跳"的方法，不看或看不懂舞谱，就不能真正体会排舞运动的魅力。

舞谱的记写分三个阶段。首先是对作品进行整体描述。即介绍曲目的名称、创编者、舞步组合的节拍数、曲目的方向变化、难度级别、所选用音乐的出处等。第二是编写重点舞步。重点舞步是指每个八拍或每四个三拍主要完成的舞步动作。第三是逐拍编写舞步动作。编写舞步动作应按照身体部位、动作方向、动作方法的顺序编写，还要注意舞步描述的前后一致性。有时，为保证音乐的完整性，有的曲目需要创编间奏动作，那么，就应说明间奏的节拍数及间奏开始的节拍、方向等。舞谱通过对作品难度级别、方向变化、音乐出处、舞步结构、重点舞步、舞步节拍数等的描述，加深了人们对曲目的理解和风格的把握。

另外，用英文记写舞谱时要尤其注意中英文表达方式的不同。中文舞谱是按照身体部位、动作方向、动作方法的顺序编写，而英文则是按照动作方法、身体部位、动作方向的顺序记写舞步。舞步写好后，以电子邮件的形式寄给 *stacy@tampabay.rr.com*，新的排舞作品就产生了。

四、时空要素

排舞创编实践中，要充分考虑时空要素。从时空上来说，一曲优美的排舞，通常要求创编的时间要"适"、完成的空间要"好"效果的要素。时间要素涉及音乐的长短和舞步数量。时间要素的选择比较灵活，主要根据创编者对音乐旋律的分析、消耗体能大小来确定适宜的时间长度。排舞是一项没有严格人数限制，单人、双人、几十人或成百上千人都可以齐跳的健身运动。因此，成套动作的创编要充分考虑到场地空间的运用，这关系到运动的安全性。排舞空间的变化主要是指舞步方向变化、路线移动时采用的方法。曲目方向变化合理、舞步动作流畅安全系数就高。

然而，在排舞创编中，"适"和"好"，这没有什么主观或客观的差异，也没有什么明示或暗示的问题存在。在排舞创编上，关于"适"的定义，是"适宜"而非"适用"；关于"好"的定义，是"好学"而非"好看"。创编一支成功的排舞，时空上除了适宜和好学之外，还要具有可塑性和扩展性。前者表示它的功能，在必要时可以加以改变。后者表示在时间上，它不但可以持久而且能扩展。

第三节　原创曲目的创编方法

在熟悉了排舞的音乐种类、掌握了排舞创编的要素和原则后，就可以按以下步骤进行排舞曲目的创编。

一、确定曲目主题

排舞曲目的创编应首先确定音乐，根据音乐种类确定曲目主题，根据音乐旋律确定曲目风格和舞步组合结构。如果没有主题，只是将一个个动作简单地串连起来，这不仅使创作出来的作品空洞乏味，而且整支排舞也缺乏连贯性和欣赏性。一支没有主题的排舞曲目，就像一篇没有中心思想的文章，是没有灵魂的。

二、创编主体舞步

找到合适的音乐和确定曲目风格后，就需要创编一个或几个最能表达曲目风格的主体舞步动作。主体舞步动作既可来自对音乐的感受，也可来自曲目风格。在排舞编排中，主体舞步动作是指能充分表达这支排舞曲目风格和特征的基础动作，它们是构成舞步组合的基础，通过不断循环，贯穿于整套动作中。

三、延伸组合动作

找到主题并挖掘出主体舞步动作之后，根据曲目风格及主体舞步动作特征，就可以继续编排出几个小节动作来。通常情况下，后一小节动作可以是前一小节动作在不同面的重复，也可以是前一小节动作的变化和发展。几个小节动作的组合加上队形的排列，一个简单的排舞作品就基本成型了。

四、串连小节动作

串连小节的动作可以是主题（体）动作的再创造，也可以是符合这支排舞作品风格和特征的技巧动作。这里要强调的是，不是每支排舞的串连动作都需要技巧展示的。不合理的技巧展示不仅不会增加作品的质量，反而会降低作品的观赏性，也会损害整支排舞的连贯性。

五、在实践中修改

　　成套排舞创编好后，接下来就需要在排练的过程中不断的修改了。首先要对成套动作结构的合理性和艺术性，成套动作的风格、舞步和音乐之间是否统一，舞步连接是否流畅，舞步和身体其他部位的配合是否恰当，难度安排是否合理等等进行实践。好的、成功的排舞作品都是在不断修改中逐步完善的。

第五章　排舞运动教学

　　排舞运动教学是教与学的双边活动，是教师依据教学目标和教学原则，进行一系列具有本项目特点的教学指导、教学实施和检查评价活动，是学生掌握基本知识、技能和能力的过程。通过排舞教学，不仅能培养学生动作的协调性、节奏感，而且还能抒发和表达思想感情，培养学生的创造力、表现力、鉴赏力。本章主要介绍了排舞教学特点、原则、方法，以及排舞动作的教学、着装与礼仪要求。

第一节　排舞运动教学特点

　　深入了解排舞教学特点，有利于加深对排舞教学过程的理解，为揭示排舞教学过程的规律提供依据。归纳起来，排舞教学主要有以下几个特点：

一、注重教学内容的选择

　　排舞曲目风格各异，内容丰富多彩，技术难易程度各不相同，舞步动作千变万化。但无论怎样变化，曲目风格决定了基本舞步动作及其难易程度。一般来说，街舞风格、爵士风格、伦巴风格的排舞曲目，无论是舞步组合还是风格的把控相对较难；恰恰风格、华尔兹风格、东方舞风格的排舞曲目，舞步和风格的把控相对容易一些；而踢踏舞风格、探戈风格的排舞曲目，舞步动作虽较简单，但对身体的控制能力及音乐节奏的处理较难掌握。因此，排舞教学中，应根据学习者的情况，在不同时段选择适合的排舞曲目。

二、注重音乐素养的培养

　　音乐是排舞运动的"魂"。学习者通过音乐节奏、旋律、和声来表达曲目风格；而音乐也通过不同风格的舞步和组合变成了"看"得见的艺术。因而，对学习者音乐素养的培养，应贯穿于学习活动的始终，同时也是教学评价的一个重要方面。

三、注重团队意识和个性魅力的培养

排舞教学内容的多元性和创新性，决定了教师在教学中应广泛采用学导式和诱导式教学方法，通过学习者之间的传、帮、带，顺利完成教学任务。由于各方面原因造成学习者掌握排舞技能的差异，这就要求学习者课上课下相互指导、互相学习、取长补短，共同进步。在比赛中，个人赛时要有场外的指导才能帮助队员看清自己的不足；团体赛时大家要拧成一股绳，形成合力，才能拾遗补缺，夺得最终的胜利。在排舞教学中，学习者衣着得体、举止文明，才能表现排舞的艺术形式，这些正是一个人富有个性魅力的鲜明的个性特征。因此，排舞教学不仅有助于培养学习者的协作意识和团队精神，也有助于培养学习者乐观、积极、主动、自信等个性特征。

第二节　排舞运动教学原则

教学原则能够反映教学过程规律，为一定的教学目的服务，是长期教学实践经验的概括和总结。教师教学质量的高低，是反映教师对排舞教学原则的理解程度，与在教学中能否正确把握排舞教学特点密切相关。

一、健康性与娱乐性相统一

在排舞教学过程中，应树立"健康第一"的思想，把增进健康与身心全面和谐发展有机统一起来，把传授排舞知识、技术、技能与发展个性、培养兴趣结合起来，以达到健身、健心、娱乐的教育目标。通过排舞学习，能够有效地促进身体各器官功能的发展，提高健康水平，并为终身体育奠定基础。因此，排舞教学中应注意发展学习者的感知、观察、判断、想象、创造思维能力，培养其健康、愉快的情绪，良好的社会行为和高尚的道德情操等。

二、全面性与个性培养相统一

排舞教学应以人的全面发展和人格完善为价值取向，促进人的全面发展与个性塑造。通过教学，教师应在引导学习者学习排舞知识、技术、技能以及达到增进健康、增强体质目的的同时，强调发挥学习者学习的积极性和主动性，特别重视发展学习者的智力和情商，培养学习者自学能力及创新能力。

三、体能发展与技能发展相统一

排舞是一种大众健身舞蹈。因而，在排舞教学中，基本理论、技能的教学和发展身体、增强体质，都是教学应达到的目的，两者是相互联系、相辅相成的。教学实践证明，学习者掌握技能，对发展体能奠定了知识与技术基础，而发展体能也为技能的掌握奠定了生理和生化的物质基础。因此，排舞教学应该处理好技能发展和体能发展的关系。通过排舞教学使学习者掌握排舞技能，培养能力，发展体能，提高身体的健康水平和适应能力，为身心健康和全面发展奠定基础，进而达到体能发展与技能发展相统一。

四、整体性与因材施教相统一

这一原则是根据教育要求面对全体学习者，同时又要考虑学习者的个性特点提出的。面向全体学习者就是要促进每一个学习者的发展，既要为所有的学习者打好共同的基础，也要注意发展学习者的个性和特点。在排舞教学中，从学习者的实际情况出发，应注重提高学习者的整体水平，又要兼顾学习者的个性差异，区别对待、应材施教、因势利导。通过多种途径和方法，满足学习者的学习需求。

五、直观模仿与启发思维相统一

这一原则是依据学习者认识活动的特点提出的。在排舞教学中，除了通过听觉、视觉来感知动作的形象及空间与时间的关系外，还要通过触觉和肌肉本体感觉来感知动作技术要领（动作的力度、速度、幅度、方向等），从而建立正确的动作表象和概念。教师通过示范等直观手段，利用学习者的多种感官和已有的经验，形成清晰的表象，丰富他们的感性认知，启发他们的思维，引导学习者对学习内容进行分析、综合、抽象和概括。通过身体活动和思维活动，学习者对所学动作建立条件反射和形成动作概念，使其逐渐掌握所学知识、技术和技能，并能在实践活动中灵活运用。

六、循序渐进、巩固与提高相统一

在排舞教学中，排舞教学内容一方面要随着排舞的发展而不断更新，增强其科学性，另一方面必须照顾到学习者的年龄特点和接受能力（包括心理和生理负荷）。在教学方法上应根据教材的难易度和学习者的实际水平，运用多种教学手段和辅助练习，由易到难，逐步深化，循序渐进地进行教学，做到"瓜熟蒂落"，使学习者能比较顺利地完成成套舞步动作。通过循序渐进的原则，使学习者在已基本掌握舞步组合的情况下，注意体验组合风格；对已基本掌握的某一成套动作能作多次连续重复；通过学习者对动作技术的逐渐熟练，从而不断得到巩固和提高，最后完全掌握和运用排舞技术。

第三节　排舞运动教学方法

教学活动是教师的教和学习者的学紧密联系、相互作用的双边活动。在排舞教学活动中，学习者能否掌握排舞知识、技术、技能、养成良好的学习习惯，与教师的教学方法密切相关。因此，无论教师进行教学活动，还是学习者进行学习活动，都离不开一定的教学方法。排舞的教学方法是多种多样的，每一种教学方法对完成教学任务都有它特殊的作用。采用哪种方法及如何运用，应根据教学目标任务、教学内容和学习者的特点及场地设备等具体情况来决定，这样才能充分发挥教学方法的作用，取得较好的效果。

一、讲解示范法

讲解示范法是指通过语言讲解和以身示范进行教学的方法。教师在教授曲目前，通过语言向学习者介绍所学曲目名称、风格、难易程度、方向变化及动作特点和结构。身教，即示范的方式，由教师亲自塑造学习者效仿的形象。学习者只有通过模仿练习，才能较深刻地领会动作要求，准确掌握动作特征。

运用讲解示范法时，应注意以下几点：

（1）讲解要正确。教师所讲的内容应是科学的、准确的，即言之有理，实事求是，并运用统一规范的专业术语。

（2）讲解要简洁易懂。简明扼要，通俗易懂，力求少而精，尽可能使用术语和口诀。

（3）讲解要有启发性。在教学中力求用生动形象的语言引起学习者的兴趣、启发学习者的积极思维，使学习者听、看、想、练有机地结合起来。

（4）示范应是动作的典范。教师的示范要求准确、熟练和优美，精神饱满，具有感染力，既能给学习者建立正确、清晰的视觉表象，又能使学习者看完后就能产生跃跃欲动的感觉，激发起他们的学习热情。

（5）正确选择示范位置和示范面。教师在进行示范时，要注意选择适合学习者观察的示范面、示范角度和示范距离。

二、分解与完整结合法

把单个动作按顺序连接并发展成组合的一种方法。其方法是，先教第一个八拍动作，掌握后教第二个八拍，然后把第一、第二个八拍动作连起来反复练习，然后教第三个八拍，掌握后教第四个八拍。第三、第四个八拍动作连起来反复练习。最后再把第一至第四个八拍完整的反复练习。

分解法的优点是可以将所学动作简化，集中精力学习某些较难的技术环节，使学习容易入手并较快地掌握技术动作。局限是容易割裂各部分之间的内在联系，破坏动作间的结构，不利于形成完整的动作概念。完整法有利于建立完整的动作概念，但不适合较难、较复杂舞步动作的学习。

运用分解与完整法时，应注意以下几点：

（1）对较简单的动作，不必刻意分解，以免降低学习效率。

（2）科学分解动作。

（3）分解练习时间不宜过长。

（4）注意分解与完整法合理配合。

三、提示法

1. 口令提示法

为了更好地学习舞步并活跃课堂气氛，在排舞教学中运用一些指令性、调动性、警告性且富有激情的语言对动作进行提示，以产生激励、鼓舞的作用。常用的提示语言有"很棒"、"不错"、"加油"等以及带有指令性的提示语言，比如："恰恰步"、"三连转"、"跺脚"、"6 点方向"等。

运用口令提示法时，应注意以下几点：

（1）口令与音乐节奏相吻合。学习并掌握口令指挥，在排舞教学中尤为重要，不正确的口令指挥会混淆动作结构。但要注意口令与音乐的韵律、节奏相一致，口令的音量、语调的轻重要适宜。

（2）语言要有号召性和鼓动性。教师生动、带有鼓励性且富有感情色彩的语言可以活跃课堂气氛，调动学习情绪，激励学习积极性，使学习者保持愉悦、轻松的心情。

2. 动作提示法

动作是身体语言的一种，教师运用身体的各种动作来指导学习者完成各种练习。其特点是直观、简单、明了，有利于学习者连贯完成动作。通过教师身体动作的引导，提示学习者按顺序、方向、要点完成动作，保证学习者能将整套动作连贯、完整地完成。

运用动作提示法时，应注意以下几点：

（1）教师动作的运用要果断，有明确目的性，应该做出什么样的动作，应做到心中有数。

（2）在上一个动作没结束之前，教师应将下一个动作的要点、方向及时地提示出来，帮助学习者准确地完成动作。

（3）教师根据学习者完成动作的情况，在易出现问题的地方，提前发出信号，如击掌、口头甚至眼神等提示，引起学习者注意。

四、跟随法

学习者跟随教师连续完成单个动作、组合动作、成套动作练习的一种方法。此种方法能使学习者在较短时间内建立正确的动作概念、掌握动作与动作的连接及音乐节奏感，在排舞教学中被普遍采用。

运用跟随法时，应注意以下几点：

（1）教师应根据动作需要正确选择示范面。通常在身体有前后进行、转体变化及动作较复杂时，采用背面示范；结构较简单的动作一般选择镜面示范；有左右方向的动作一般选择镜面或背面示范带领。

（2）动作要与手势、口令、语言等提示方法紧密结合，使学习者达到眼看、耳听、心想、体动的目的，从而达到最佳的教学效果。

五、重复练习法

学习者将学会的单个动作或者完整动作按照动作要领反复进行练习，这种方法有利于学习者在反复练习中掌握和巩固动作技术，培养学习者对排舞的感觉，并对锻炼身体、发展体能等有较好的作用。

采用此教学方法时应注意以下几点：

（1）防止错误动作的重复练习。教学中，教师一旦发现学习者出现错误动作应该立即进行纠正，以免形成错误动作的定型。

（2）练习时要合理安排重复次数。防止由于重复练习所造成的疲劳出现，最终影响动作的掌握程度。

（3）初学阶段一般不采用连续重复练习法，应采用间歇重复练习法。

六、比赛法

比赛一般在课的结束部分进行。在排舞教学中采用有竞争性的比赛如个人赛、小组赛等形式，有助于提高学习者的积极性。

运用比赛法时，应注意以下几点：

（1）比赛的设计与实施应紧密结合教学目标，为教学目标的达成服务。

（2）比赛内容的选择应考虑学习者体能和技能掌握的实际情况，并确保不危害身体健康。

（3）比赛规则要简明扼要，易于操作。比赛结果的判定要迅速、果断、公正、准确；比赛后要进行总结性评价，提出今后努力的方向。

（4）比赛的组织要合理严密，避免拖拉而影响课的进行；分组赛应使各组实力大致相等，提高竞争的激烈程度。

（5）比赛过程中应注意安全，要防止伤害事故的发生。

七、双语教学法

英语作为当前国际交流的主要语言工具，其重要性不言而喻。排舞的舞步动作简单，规律性强，常用的英语表达方法已经能完成教学的需要。双语教学融入排舞学习中，既有效提高学生掌握排舞技能，促进学生全面发展，还可为日常交流提供便利，也能更好地了解比赛环境和规则，能够对排舞在我国的发展起到很好的促进作用。

第四节　排舞运动教学设计

教学设计是根据教学对象和教学目标，确定合适的教学起点与终点，将教学诸要素有序、优化地安排，形成教学方案的过程。它是一门运用系统方法科学解决教学问题的学问，它以教学效果最优化为目的，以解决教学问题为宗旨。排舞教学设计是指以解决教学问题为宗旨的一种理论与实践的方法，追求的是教学效果的最优化。包括学习需要分析—学习目标的确定—学习内容分析—学习者分析—教学策略的制定—教学设计成果的评价等步骤。

一、排舞教学设计特征

1. 教学设计是把教学原理转化为教学材料和教学活动的计划。教学设计要遵循教学过程的基本规律，选择教学目标，以解决教什么的问题。

2. 教学设计是实现教学目标的计划性和决策性活动。教学设计以计划和布局安排的形式，对怎样才能达到教学目标进行创造性的决策，以解决怎样教的问题。

3. 教学设计是以系统方法为指导。把教学各要素看成一个系统，分析教学问题和需求，确立解决的程序纲要，使教学效果最优化。

4. 教学设计是提高学习者获得知识、技能和兴趣的技术过程。教学设计是教育技术的组成部分，它的功能在于运用系统方法设计教学过程，使之成为一种具有操作性的程序。

二、排舞教学设计遵循的原则

1. 系统性原则

教学设计是一项系统工程，它是由教学目标和教学对象的分析、教学内容和方法的选择以及教学评估等子系统所组成，各子系统既相对独立，又相互依存、相互制约，组成一个有机的整体。在诸子系统中，各子系统的功能并不等价，其中教学目标起指导其他子系统的作用。同时，教学设计应立足于整体，每个子系统应协调于整个教学系统中，做到整体与部分辩证地统一，系统的分析与系统的综合有机地结合，最终达到教学系统的整体优化。

2. 程序性原则

教学设计是一项系统工程，诸子系统的排列组合具有程序性特点，即诸子系统有序地成等级结构排列，且前一子系统制约、影响着后一子系统，而后一子系统依存并制约着前一子系统。根据教学设计的程序性特点，教学设计中应体现出其程序的规定性及联系性，确保教学设计的科学性。

3. 可行性原则

教学设计要成为现实，必须具备两个可行性条件：一是符合主客观条件。主观条件应考虑学习者的年龄特点、已有知识基础和师资水平；客观条件应考虑教学设备、地区差异等因素。二是具有操作性。教学设计应能指导具体的实践。

4. 反馈性原则

教学成效考评只能以教学过程前后的变化以及对学习者作业的科学测量为依据。测评教学效果的目的是为了获取反馈信息，以修正、完善原有的教学设计。

三、排舞教学设计分析

1. 学习需要分析

不仅要考虑学习者的需要，还要考虑社会的需要，同时考虑学习者的体能和技术水平。

2. 学习目标的确定

是为了规定学习内容的范围、深度，揭示学习内容之间的内在联系，以保证取得最佳的教学效果。包括总体学习目标，单元学习目标，课时学习目标等。

3. 学习内容分析

(1) 学习内容选择时注意：

第一，健身性内容应有助于学习者身心全面发展和终身体育能力培养。

第二，健美性内容应具有美育价值，能促进学习者的体形与姿态向健与美的方向发展，利于学习者审美能力的培养。

第三，趣味性动作应有利于调动学习者的积极性。

第四，实用性排舞应选择生活化的、有助于提高学习者基本生活能力的内容。

(2) 组织学习内容时注意：

首先，分析素材，了解内在联系，用系统的方法将其组合起来。

其次，根据不同水平段学习者身心特点组织内容，并注意衔接，还注意学年、学期与单元之间的衔接。

第三，教师注意教学经验的积累，深入研究教学设计理论与方法。

4. 学习者分析

学习者分析一般包括下面三点：

(1) 学习者的一般特征分析；

(2) 对排舞曲目的分析；

(3) 学习者初始能力与教学起点的确定。

5. 教学目标、重难点处理

（1）教学目标

知识目标：使学生了解动作的技术结构，可用自己的语言简述动作要领，掌握一定的教学方法。

技能目标：使学生能较好完成成套动作，通过反复练习后动作能够规范优美，同时进一步培养其教学能力。

人文目标：在整个教学过程中，使学生身心得到有效锻炼，培养团结协作、迎难而上的优良品质；另外，使学生接受美的教育，培养学生创造美和鉴赏美的能力。

（2）教学重点、难点处理

合理准确的设计教学重点难点，有利于优化课堂教学效果，对教学技能的培养始终作为教学的重点贯穿于教学的每一个环节。

学生肢体的协调与配合度是整个教学的重点。

6. 教学策略的制定

（1）优化教学活动程序

这一程序主要包括以下四个方面：传授排舞技能的教学程序；提高学习者自学、自练能力的教学程序；"主动性教学模式"的教学程序；"情景教学模式"的教学程序；

（2）优选教学方法

这一方法主要包括以下四个方面：有利于排舞教学目标的达成；针对教材与学习者的特点；重视学习者的学法；合理组合教学方法。

（3）舞步动作描述

A 组合

第一个八拍重点舞步：右脚前进恰恰步，摇摆步，海岸步，1／2 左轴转

1&2 右脚向前一步，左脚并右脚，右脚向前一步

3–4 左脚向前一步，重心摇摆到右脚

5&6 左脚向后一步，右脚并左脚，左脚向前一步

7–8 右脚向前一步，向左 1／2 轴心转

第二个八拍重点舞步：右脚前进恰恰步，摇摆步，海岸步，1／2 左轴转

【2×8】重复【1×8】

第三个八拍重点舞步：跺脚步

1–2 右脚在左脚前重踏，左脚在右脚后重踏

3&4 双脚脚跟向外摆动，双脚脚跟向内摆动，双脚脚跟向外摆动

5-6 双脚脚跟向内摆动，双脚脚跟向外摆动

7&8 双脚脚跟向内摆动，双脚脚跟向外摆动，双脚脚跟向内摆动

第四个八拍重点舞步：踩脚步，摇摆步，1/2 左恰恰步

1-4 右脚连续四次向前踩脚步

5-6 左脚向前一步，重心摇摆到右脚

7&8 左脚向前一步，左转 1/2 同时左脚向前一步，左脚并右脚，左脚向前一步

第五个八拍重点舞步：踩脚步，摇摆步，1/2 左恰恰步

【5×8】重复【4×8】

第六个八拍重点舞步：摇摆步，1/2 右轴转

1-2 右脚向前一步，重心摇摆到左脚

3-4 右脚向后一步，重心摇摆到左脚

5-6 右脚向前一步，重心摇摆到左脚

7-8 右转 1/2 同时右脚向前一步，左脚向前一步

B 组合

第一个八拍重点舞步：蹉步

1-2 右脚向前一步，左脚向前蹉步

3-4 左脚向前一步，右脚向前蹉步

5-6 右脚向前一步，左脚向前蹉步

7-8 右脚向前一步，左脚向前蹉步

第二个八拍重点舞步：蹉步

1-2 左脚向前一步，右脚向前蹉步

3-4 右脚向前一步，左脚向前蹉步

5-6 左脚向前一步，右脚向前蹉步

7-8 左脚向前一步，右脚向前蹉步

第三个八拍重点舞步：向右恰恰步，交叉摇摆步，向左恰恰步，右脚摇摆步

1&2 右脚向右一步，左脚并右脚，右脚向右一步

3-4 左脚在右脚前交叉，重心摇摆到右脚

5&6 左脚向左一步，右脚并左脚，左脚向左一步

7-8 右脚在左脚前交叉，重心摇摆到左脚

第四个八拍重点舞步：踩脚步

1-2 右脚向右一步，左脚并右脚

3-4 右脚向右一步，左脚在右脚旁重踏

5–6　左脚向左一步，右脚并左脚

7–8　左脚向左一步，右脚在左脚旁重踏

第五个八拍重点舞步：拖步，跺脚步

1　右脚向右一大步

2–3　左脚向右脚拖步

4　　左脚在右脚旁重踏

5　　左脚向左一大步

6–7　右脚向左脚拖步

8　　右脚在左脚旁重踏

第六个八拍重点舞步：脚跟点地，停住

1–2　右脚跟向前点地，停住

&3　右脚向前一步，左脚跟向前点地

4　　停住

&5　重心转移到左脚，右脚跟向前点地

&6　重心转移到右脚，左脚跟向前点地

&7　重心转移到左脚，右脚跟向前点地

8　　停住

第七个八拍重点舞步：脚跟点地，停住

1–2　左脚跟向前点地，停住

&3　左脚向前一步，右脚跟向前点地

4　停住

&5　重心转移到右脚，左脚跟向前点地

&6　重心转移到左脚，右脚跟向前点地

&7　重心转移到右脚，左脚跟向前点地

8　　停住

第八个八拍重点舞步走步，1/2 左轴转，蹉步

1–7　左转 1/2 同时左脚引导走步

8　右脚向前蹉步

7. 教学设计成果的评价

对教学成果的评价一般包括形成性评价和终结性评价两种，在教学中实践中经常采用形成性评价。通过有目的、有计划的调查、访问、测试等手段，收集有关信息，对试行结果评价，发现问题，找出解决办法，完善方案。

第五节　排舞运动教学要求

一、排舞教学的着装要求

排舞源自于民间、发展于民间，到今天，已成为适合各年龄人群参与的一项大众休闲健身运动，排舞的着装已经更多地与人们所追求的时尚、休闲、健身、娱乐的生活理念相融合。

上世纪70—80年代，随着美国西部乡村音乐的盛行，由于对西部牛仔的崇尚，人们普遍都穿着格子衬衣或T恤衫、牛仔裤、牛仔靴跳排舞。发展到今天，伴随着排舞风格、舞步动作、音乐元素等方面不断融汇和创新，舞者们的着装选择也越来越多样化。在当今欧美一些国家，仍然有一小部分老年排舞爱好者们习惯穿着格子衬衫或T恤衫、牛仔裤、牛仔靴来跳排舞，但是绝大多数排舞爱好者们则更多地追求一种放松、休闲的感受。女士可以穿着莱卡面料的健身裤或舞蹈裤，上衣可以穿着紧身衣或紧身一些的健身服或舞蹈衣，当然还可以在长裤外系一条美丽的短裙，在舞动旋转中享受裙摆飞扬的快感；男士可以穿一些弹性面料的长裤，紧身T恤。需要注意的是，排舞服装的款式不能太过宽松，这样扭胯与摆髋的动作体现不出来，舞蹈过程中人体的曲线美不能很好地展现出来。

排舞鞋的选择应尽可能的舒适和便于完成舞步。需要注意的是，不要穿着专业的舞蹈训练鞋，因为这一类的舞鞋底部对地板的摩擦力较大，以至于运动时影响脚步的滑动和舞步的流畅。女士要特别注意，不要穿着高跟鞋以及类似高跟的鞋子，尤其是拉丁舞鞋。这些鞋子不仅会影响你的舞步动作，还有可能使你的脚受伤。此外，凉鞋和沙滩鞋也不适合，这些鞋子运动时会使你的脚在鞋内滑动，不能固定，同样也容易损伤你的脚。你可以选择穿着鞋底较软的运动鞋或街舞训练鞋，个子不高的女士还可以选择拉丁舞的教师鞋。鞋子一定要软一些，舒适并且合脚。

二、排舞教学的礼仪要求

随着时代的发展，排舞在曲目风格、舞步动作、音乐以及舞蹈行为礼仪都不再延用原有的一些舞蹈礼仪，而是在自身发展的过程中，逐渐形成了排舞运动特有的行为规范。排舞教学的礼仪要求有以下内容：

（1）不要在场地（室内）吸烟，没有燃尽的烟头会损坏地板，甚至有时也会损坏他人衣物。

（2）不要在场地（室内）饮食，这样会把饮料食物洒在地板上，影响舞步动作。

（3）当音乐开始时，不要站在场地内闲聊，这样会影响他人运动。

（4）运动时不要对场地贪求，虽然所有舞者都在同一时间向同一方向运动，需要一定的场地空间，但不需要太大。因此不要对场地过于贪求而影响其他人。

（5）当音乐响起时，每一位舞者必须跳同样的舞步而不是其他动作。当你一个人时，你可以随意跳，否则这是无条件接受的。

（6）如果场地内舞者较多、场地拥挤，你应该使自己的舞步走得小一些，以免踩到他人。

（7）如果在场地内跳舞时不小心碰到了他人，应该向他人道歉，从而保持与他人之间和谐、融洽的关系。

（8）在一些地方，尤其是美国，排舞还有双人舞，那么在同一场地内，当音乐响起时，跳双人舞的舞者应该在场地的外围，而其他舞者在场地中央同时共舞，双人舞的舞者总是面对面起舞，按顺时针方向绕场地行进。

（9）当舞曲开始，大家一起跳的时候，在场地内不要单独做其他事情，例如，在一旁教他人舞步动作，这些事情你可以在其他场地或其他时间来做。

（10）如果你参加排舞已有足够的时间和经验，跳舞时你就可以自由展现自己的风格，但是要注意舞步动作不能脱离原有的舞步规范，过于夸张地去表现。

（11）轻松地、微笑地、投入地跳排舞，让自己尽情地享受排舞为你带来的乐趣。

第六章　排舞运动竞赛

第一节　排舞竞赛的意义

一、有利于宣传推广排舞运动

通过各种形式的竞赛活动，不仅能扩大排舞运动的社会影响力，而且对排舞的发展有着十分重要的意义。比赛中，通过听觉来感受轻松愉悦、极具震撼力的音乐，通过视觉感受运动员矫健的体型、舒展优美的动作、极具团队凝聚力的表演，并从中学到有关排舞运动与人体健康的知识。

二、有利于促进排舞运动的发展

排舞竞赛为教练员、运动员提供了检验教学、训练成果和交流、切磋技艺的机会。通过比赛，各参赛队可充分展示训练水平，广泛地交流训练体会。通过观摩学习，明确努力的方向，既能增进友谊和团结，又能开阔思路、促进技术水平的提高。裁判员通过学习规则，提高业务水平，获得实践经验，从而成为推动排舞运动开展的骨干力量。同时比赛还能为排舞的科学研究提供数据，促进排舞理论与技术的全面发展。

第二节　排舞竞赛的项目

根据参赛人群不同，排舞比赛可分为职工排舞比赛、学生排舞比赛、社区排舞比赛三大类。每种比赛都可由单人项目和集体项目组成。单人项目包括单人规定单曲和单人全能赛。集体项目包括集体规定曲目、集体自选曲目、集体原创曲目。

　　集体规定曲目的比赛是主办单位根据比赛目的、任务、参赛对象、评审条件等因素而在赛前选定好曲目，作为参赛队必跳套路。

　　集体自选曲目的比赛是参赛单位按照竞赛规程和竞赛规则的要求，从公布的曲目中选择两曲或三曲连跳。

　　集体原创曲目的比赛是参赛队根据本地区的民间舞蹈而创编的符合排舞要求的曲目。

第三节　排舞竞赛的组织

　　排舞竞赛的组织是一项复杂而又细致的工作，直接影响比赛的质量和预期的效果。在赛前、赛中及赛后都要进行一系列的工作，每个环节都十分重要，一环紧扣一环，缺一不可。

一、制定竞赛规程

　　竞赛规程是组织比赛的指导性文件，是比赛筹备工作的依据，也是参赛单位、运动员、教练员及裁判员必须执行的准则。竞赛规程应由主办单位制订，根据比赛规模和发放范围，一般全国性的比赛应提前半年，中小型比赛不得少于3个月，以便参赛单位有充分的时间准备并安排好各项事宜。竞赛规程各项内容应简明、准确。

　　竞赛规程一般应包括以下内容：

　　（1）比赛名称：包括年度（届）、性质、规模、名称（包括比赛总杯名和分杯名）。如：×××年"×××"杯全国×××排舞大赛。

　　（2）比赛主办、承办单位：简述本次比赛的主办单位和承办单位。

　　（3）比赛时间和地点：要详细、清楚地写明比赛的年、月、日和地点。若具体的比赛地点在下发规程前还不能确定，则要将比赛所在的城市写清楚。

　　（4）参加单位的条件：明确参加者的范围。如全国各中小学、大专院校、社区均可参加。

　　（5）竞赛项目：对本次比赛项目和内容的规定。如：比赛进行单人项目、集体项目、团体项目的比赛。

（6）参赛办法：说明采取什么样的比赛方式，直接决赛还是分预赛和决赛，是否按年龄分组，是单项赛还是团体赛等。

（7）参加人数及年龄：规定每个单位参赛的人数、参赛运动员的年龄要求。如：每单位可报领队、教练员、管理、队医各一名。

（8）评分办法：说明比赛采取什么评分规则和计分办法，团体赛和单项赛的录取办法。如：比赛采用《2011—2012 年全国排舞比赛评分规则》，进行单人赛、集体赛和团体赛。团体赛以集体规定和集体自选最好成绩之和评定成绩。如成绩相等，以集体规定曲目预赛成绩得分高者名次列前。

（9）录取名次及奖励办法：根据比赛的规模说明评几个奖项，每个奖项设几名，是否有奖品或奖金。如：各项目各组别分别录取一等奖 2 队，二等奖 3 队，三等奖 3 队。另设最佳编排奖一名，最佳表演奖一名，最佳组织奖三名，最佳服饰奖一名，优秀教练员五名，优秀裁判员三名等。

（10）报名和报到：说明报名的方式及要求，截止日期。比赛报到的时间、地点、乘车的路线、联系电话等都要清楚、详细。如：报名要填写大会印制的报名表，加盖单位及医务室印章，并于赛前 30 天函寄到×××组委会，邮编××××××。裁判员×月×日报到，运动员×月×日报到。

（11）其他：凡不包括上述内容的所有事宜均可列入该项。如：有关参赛队的食宿是否自理，大会是否给予补助，是否提前预定返程车票，报到时参赛单位向大会缴纳竞赛保证金等。

二、建立竞赛组织机构

根据比赛规模的大小，成立相应的组织机构。全国性比赛通常由主办单位和承办单位共同协商确定大会组织委员会成员，包括主办单位负责人、赞助单位负责人、承办单位和当地体育局负责人，上级领导机关的代表和有关知名人士以及总裁判长。组织委员会一般设主任 1 人，副主任 1 人，委员若干人。它是比赛大会的最高领导机构，在其下属的是各办事机构。根据比赛规模决定成立几个分部门。大规模的或大型综合性比赛，部门分得很细，各部门责任具体、细致。中小型比赛则可以少设几个部门或只安排具体的人分别负责这几方面的事宜。以全国性比赛为例可分为以下几个部门：

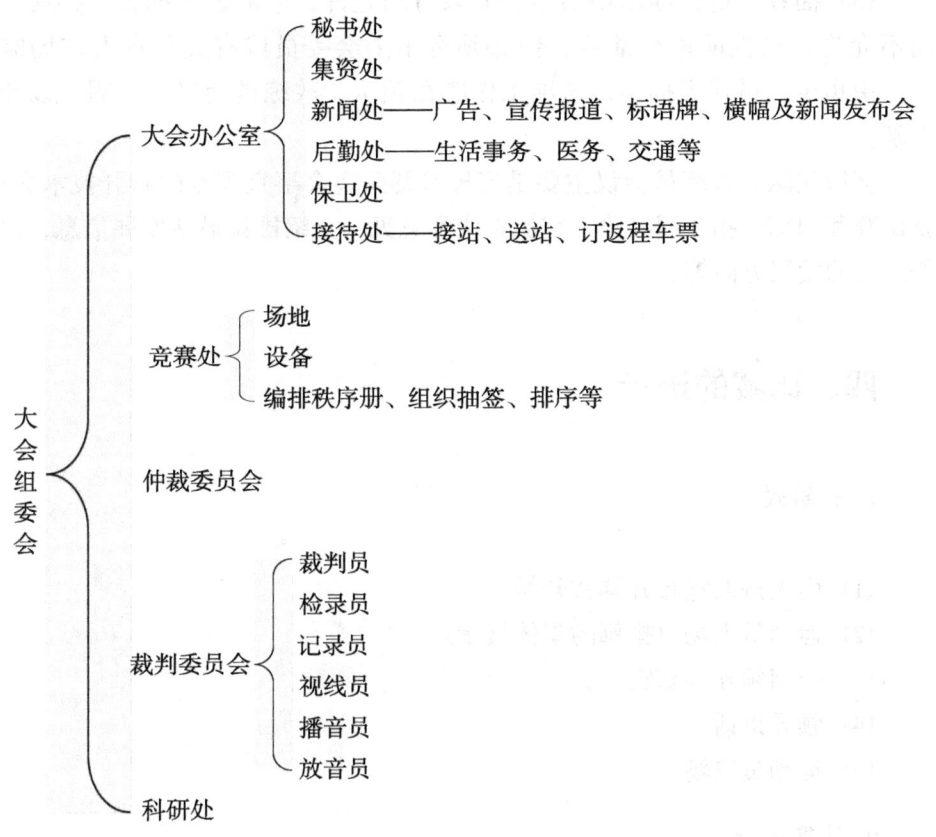

三、召开赛前会议

赛前会议主要是领队和教练员会议，这是竞赛中一项重要内容，是参赛队与大会及裁判员沟通的主要途径之一，双方都应重视。一般由组委会主持，各处负责人及裁判长参加。通常在赛前、赛后各安排一次。

赛前领队、教练员会议主要内容包括：

（1）介绍比赛的准备情况。

（2）介绍大会主要部门的负责人和主要工作人员。

（3）宣布大会竞赛日程及有关规定。

（4）解答和解决参赛队提出的有关问题。如：比赛安排、生活、规程及规则等方面的问题。如果在规则和技术方面的问题较多，还应单独召开领队、教练员技术会议，由裁判长详细解答。

（5）抽签决定比赛出场顺序。如果时间允许，采取公开抽签的办法。如时间不允许，可提前进行抽签，但必须有组委会委员或有关负责人在场监督执行，由指定人员代理抽签，这项工作应在领队、教练员会议上说明，以免引起误解。

赛后领队、教练员会议主要是安排参赛队离会事宜和专门召开技术交流会，就比赛和训练互相介绍经验，交流看法和意见，介绍排舞最新发展信息，讨论排舞运动的发展方向等。

四、比赛的进行

1. 开幕式

（1）由主持人宣布开幕式开始

（2）运动员入场（排舞的集体展示）

（3）介绍领导和嘉宾

（4）领导讲话

（5）运动员退场

2. 比赛进行

（1）赛前检录：一般赛前 30 分钟按出场顺序第一次检录，赛前 10 分钟第二次检录。

（2）播音员向观众介绍仲裁委员会和裁判员。

（3）播音员介绍本场比赛的内容。

（4）根据播音员的宣告，各参赛队依次上场比赛。

（5）运动员在音乐伴奏下完成整套动作。

（6）记录员记录每名裁判员的分数并计算最后得分。

（7）裁判长为参赛队示分，播音员宣布得分。

（8）本组比赛结束后，成绩记录表经裁判长签字，张贴在公告栏并由总记录处保存。

3. 闭幕式及发奖

（1）主持人宣布闭幕式开始。

（2）裁判长宣布比赛成绩（获奖名单）。

(3) 获奖运动员入场。

(4) 请领导或某知名人士为获奖运动员颁奖。

(5) 运动员退场。

(6) 鸣谢主办和承办单位，向赞助单位颁发锦旗。

(7) 可安排优秀运动员表演或组织专门的表演。

(8) 领导致闭幕词，宣布比赛圆满结束。

第七章 排舞运动曲目介绍

第一节 少儿曲目

一、《阿尔菲》

ALFIE

Count：32
Wall：2
Level：Beginner
Choreographer：Cato Larsen
Music：Alfie by Lily Allen

【1×8】 WALK BACK & HITCH, WALK FORWARD & KICK

1-2-3 Step right back, step left back, step right back

4 Hitch left knee （clap）

5-6-7 Step left forward, step right forward, step left forward

8 Kick right forward （clap）

【1×8】 向后走 & 屈膝上踢，向前走 & 踢腿

1-2-3 右脚向后一步，左脚向后一步，右脚向后一步

4 左脚屈膝向上踢，击掌

5-6-7 左脚向前，右脚向前，左脚向前

8 右脚向前踢，击掌

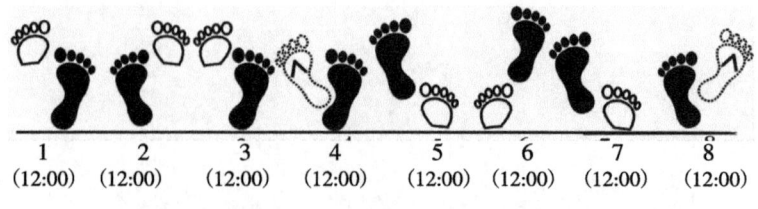

1　　2　　3　　4　　5　　6　　7　　8
(12:00)　(12:00)　(12:00)　(12:00)　(12:00)　(12:00)　(12:00)　(12:00)

图 7-1 《阿尔菲》曲目第一个 8 拍动作图示

【2×8】ROLLING VINE RIGHT & LEFT

1 Turn ¼ right and step right forward (3:00)

2 Turn ½ right and step left back (9:00)

3 Turn ¼ right and step right to side (12:00)

4 Touch left toe together (clap)

5 Turn ¼ left and step left forward (9:00)

6 Turn ½ left and step right back (3:00)

7 Turn ¼ left and step left to side (12:00)

8 Touch right toe together (clap)

【2×8】向右轴转，向左轴转

1 右转¼同时右脚向前一步（3 点）

2 右转½同时左脚向后一步（9 点）

3 右转¼同时右脚向左一步（12 点）

4 左脚掌并右脚

5 左转¼同时左脚向前一步（9 点）

6 左转½同时右脚向后一步（3 点）

7 左转¼同时左脚向左一步（12 点）

8 右脚掌并左脚

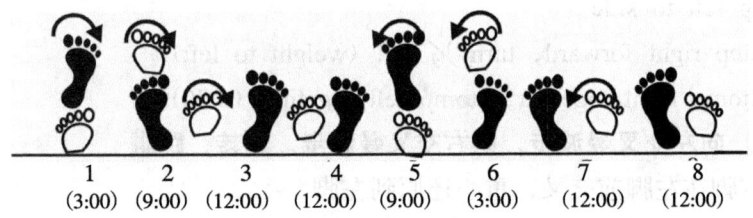

1	2	3	4	5	6	7	8
(3:00)	(9:00)	(12:00)	(12:00)	(9:00)	(3:00)	(12:00)	(12:00)

图 7-2　《阿尔菲》曲目第二个 8 拍动作图示

【3×8】CROSS ROCK SIDE, CROSS ROCK SIDE, STEP, TURN ¼, STOMP, STOMP

1& Cross/rock right over left, recover to left

2 Step right to side

3& Cross/rock left over right, recover to right

4 Step left to side

5-6 Step right forward, turn ¼ left (weight to left)

7-8 Stomp right together, stomp left together (9:00)

【3×8】向左交叉曼波步，向右交叉曼波步，¼转，跺脚

1& 右脚在左脚前交叉，重心还原到左脚

2 右脚向右一步

3& 左脚在右脚前交叉，重心还原到右脚

4 左脚向左一步

5-6 左转¼同时右脚向前一步（重心在左脚）

7-8 右脚跺脚，左脚跺脚（9:00）

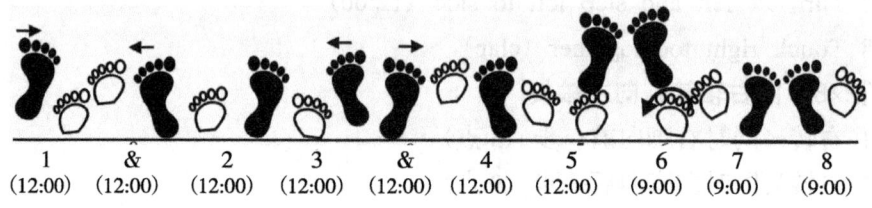

| 1 | & | 2 | 3 | & | 4 | 5 | 6 | 7 | 8 |
| (12:00) | (12:00) | (12:00) | (12:00) | (12:00) | (12:00) | (12:00) | (9:00) | (9:00) | (9:00) |

图 7-3 《阿尔菲》曲目第三个 8 拍动作图示

【4×8】CROSS ROCK SIDE, CROSS ROCK SIDE, STEP, TURN ¼, STOMP, STOMP

1& Cross/rock right over left, recover to left

2 Step right to side

3& Rock left over right, recover to right

4 Step left to side

5-6 Step right forward, turn ¼ left（weight to left）

7-8 Stomp right together, stomp left together（6:00）

【4×8】向左交叉曼波步，向右交叉曼波步，¼转，跺脚

1& 右脚在左脚前交叉，重心还原到左脚

2 右脚向右一步

3& 左脚在右脚前交叉，重心还原到右脚

4 左脚向左一步

5-6 右脚向前一步同时左转¼（重心在左脚）

7-8 右脚跺脚，左脚跺脚（6:00）

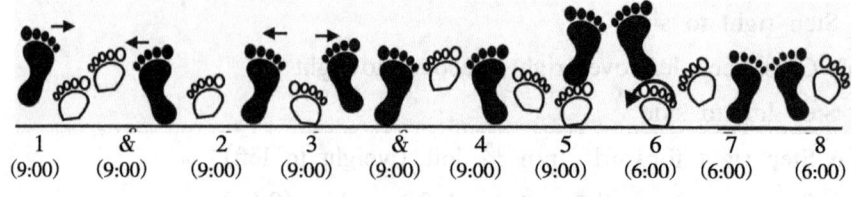

| 1 | & | 2 | 3 | & | 4 | 5 | 6 | 7 | 8 |
| (9:00) | (9:00) | (9:00) | (9:00) | (9:00) | (9:00) | (9:00) | (6:00) | (6:00) | (6:00) |

图 7-4 《阿尔菲》曲目第四个 8 拍动作图示

二、《三只盲鼠》

3 Blind Mice

Count：32

Wall：1

Level：Beginner

Choreographer：Tom and Jerry and Mice In Line

Music：Three Blind Mice

Intro：**8** counts.

【1×8】STOMPS x 3，HOLD，STOMPS x 3，HOLD

1-2 Stomp right next to left, Stomp left next to right.

3-4 Stomp right next to left, Hold.

5-6 Stomp left next to right, Stomp right next to left.

7-8 Stomp left next to right, Hold.

【1×8】跺脚步

1-2 右脚在左脚旁重踏，左脚在右脚旁重踏

3-4 右脚在左脚旁重踏，停止

5-6 左脚在右脚旁重踏，右脚在左脚旁重踏

7-8 左脚在右脚旁重踏，停住

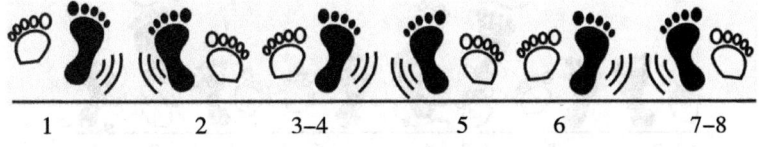

图7-5 《三只盲鼠》曲目第一个8拍动作图示

【2×8】STOMP，STOMP，STEP，STOMP，HOLD x2

1-2 Stomp right next to left, Stomp left next to right.

3-4 Step right next to left, Stomp left next to right, Hold.

5-6 Stomp right next to left, Stomp left next to right.

7-8 Step right next to left, Stomp left next to right, Hold.

【2×8】踩脚步

1-2 右脚在左脚旁重踏，左脚在右脚旁重踏

3-4 右脚在左脚旁重踏，左脚在右脚旁重踏，停止

5-6 右脚在左脚旁重踏，左脚在右脚旁重踏

7-8 右脚在左脚旁重踏，左脚在右脚旁重踏，停止

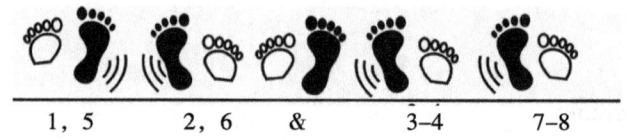

图 7-6 《三只盲鼠》曲目第二个 8 拍动作图示

【3×8】CHASSE RIGHT，BACK ROCK，CHASSE LEFT，BACK ROCK

1&2 Step right to right side，Close left beside right，Step right to right side.

3-4 Rock back on left，Rock forward onto right.

5&6 Step left to left side，Close right beside left，Step left to left side.

7-8 Rock back on right，Rock forward onto left and shout

【3×8】向右恰恰步，向后摇摆步，向左恰恰步，向后摇摆步

1&2 右脚向右一步，左脚并右脚，右脚向右一步

3-4 左脚向后一步，重心摇摆到右脚

5&6 左脚向左一步，右脚并左脚，左脚向左一步并呼喊

7-8 右脚向后一步，重心摇摆到左脚

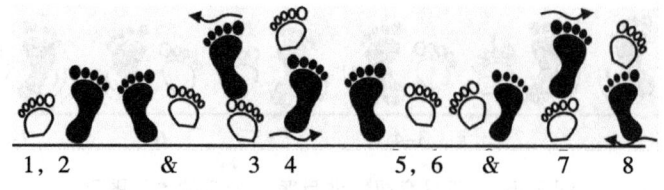

图 7-7 《三只盲鼠》曲目第三个 8 拍动作图示

【4×8】TRIPLE ½ TURN x 2，STOMP，HIP BUMPS X 3

1&2 Triple ½ turn right，stepping – right，left，right.

3&4 Triple ½ turn left，stepping – left，right，left.

5-8 Stomp right next to left，Bump hips left，right，left.

【4×8】1/2 向右转三连步，踩脚步，顶髋

1&2 右转½同时右脚开始原地踏三步

3&4 左转½同时左脚开始原地踏三步

5-8 右脚在左脚旁重踏，左、右、左顶髋三次

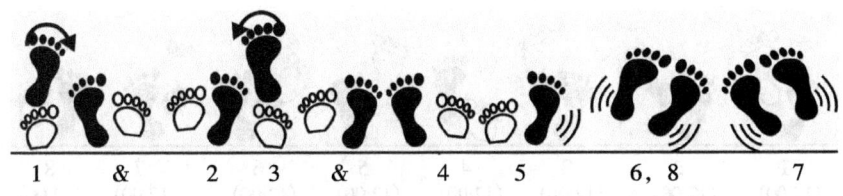

图 7-8 《三只盲鼠》曲目第四个 8 拍动作图示

第二节 小学曲目

一、《魔力火车》

GHOST TRAIN

Count：32

Wall：4

Level：beginner straight rhythm

Choreographer：Kathy Hunyadi

Music：Ghost Train by Australia's Tornad (Dance starts after 32 count intro, after "train whistle")

【1×8】STOMPS FORWARD, TOE FANS

1-4 Stomp right forward, swivel right toe to right, swivel right toe to center, swivel right toe to right and step right in place

5-8 Stomp left forward, swivel left toe to left, swivel left toe to center, swivel left toe to left and take weight on left

【1×8】向前重踏，转动脚掌

1-4 右脚向前一步同时重踏，向右转动脚掌，转回中间，向右转动脚掌同时原地踏

5-8 左脚向前一步同时重踏，向左转动脚掌，转回中间，向左转动脚掌同时重心在左脚

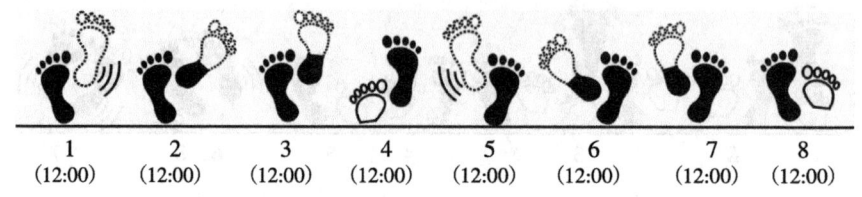

图7-9 《魔力火车》曲目第一个8拍动作图示

【2×8】JAZZ BOX，TURN ¼ RIGHT，JAZZ BOX，TURN ¼ RIGHT

1-4 Cross right over left, step left back, turn ¼ right and step right to side, step left together

5-8 Cross right over left, step left back, turn ¼ right and step right to side, step left together

【2×8】爵士盒步，1/4右轴转，爵士盒步，1/4右轴转

1-4 右脚在左脚前交叉，左脚向后一步，右转1/4同时右脚向右一步，左脚并右脚

5-8 右脚在左脚前交叉，左脚向后一步，右转1/4同时右脚向右一步，左脚并右脚

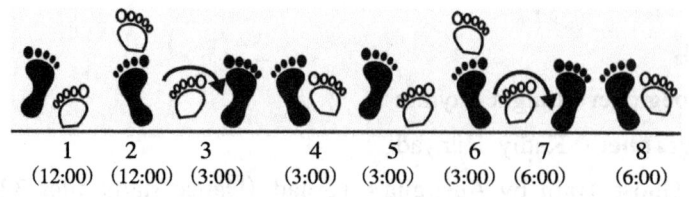

图7-10 《魔力火车》曲目第二个8拍动作图示

【3×8】WEAVE LEFT，TURN ¼ RIGHT

1-4 Cross right over left, step left together, cross right behind left, step left to side

5-8 Cross right over left, step left to side, turn ¼ right and step right back, step left together

【3×8】纺织步，1/4 向右轴转

1-4 右脚在左脚前交叉，左脚并右脚，右脚在左脚后交叉，左脚向左一步

5-8 右脚在左脚前交叉，左脚向左一步，右转 1/4 同时右脚向后一步，左脚并右脚

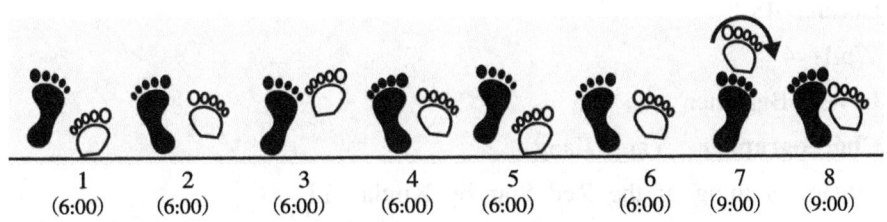

图 7-11　《魔力火车》曲目第三个 8 拍动作图示

【4×8】STOMP, HOLD, STOMP, HOLD, WALK RIGHT, LEFT, RIGHT, LEFT

1-4 Stomp right forward, hold, stomp left forward, hold

5-8 Step right forward, step left forward, step right forward, step left forward

【4×8】跺脚，停住，跺脚，停住，向前走步

1-4 右脚向前重踏，停住，左脚向前重踏，停住

5-8 右脚、左脚依次向前 4 步

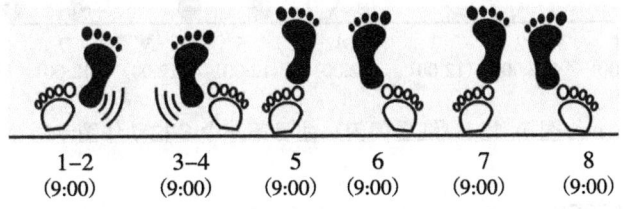

图 7-12　《魔力火车》曲目第四个 8 拍动作图示

二、《红星闪闪》

Shining of the Red Star

Count：48

Wall：4

Level：Beginner

Choreographer：Yang Jiang

Music：Shining of the Red Star by Xintian Li

Intro：10 counts

【1×8】Step Forward、Step back

1-4 Step forward right, left, right, left

5-8 Step back right, left, right, left

Hand Option：lift hands on both side and open fingers while wrist rotation from the inside to the outside.

【1×8】向前走，向后退

1-4 右脚、左脚依次向前走4步

5-8 右脚、左脚依次向后退4步

手臂可选择：双手侧上举，五指张开，手腕外、内、外、内的转动

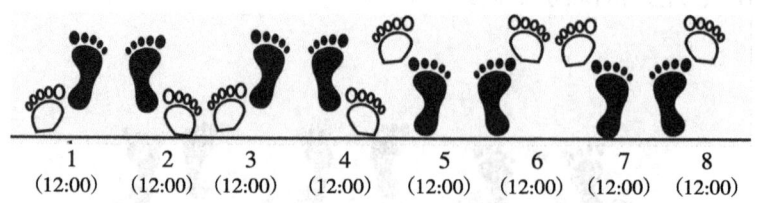

| 1 | 2 | 3 | 4 | 5 | 6 | 7 | 8 |
| (12:00) | (12:00) | (12:00) | (12:00) | (12:00) | (12:00) | (12:00) | (12:00) |

图 7-13 《红星闪闪》曲目第一个8拍动作图示

【2×8】V-Steps

1-2 Step right diagonally forward, Step left diagonally forward

3-4 Make 1/4 turn right stepping right to side, Step left together（3:00）

5-6 Step right diagonally forward, Step left diagonally forward

7-8 Make 1/4 turn right stepping right to side, Step left together（6:00）

【2×8】V 字步

1-2 右脚向右前（1:00）一步，左脚向左前（11:00）一步

3-4 右转 1/4 同时右脚向右一步，左脚并右脚（面向 3:00）

5-6 右脚向右前（1:00）一步，左脚向左前（11:00）一步

7-8 右转 1/4 同时右脚向右一步，左脚并右脚（面向 6:00）

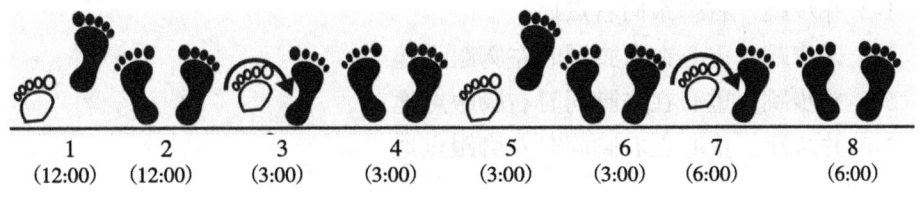

图 7-14 《红星闪闪》曲目第二个 8 拍动作图示

【3×8】Shuffle forward right，Shuffle forward left

1&2 Step right forward，Step left together，Step right forward

3&4 Step left forward，Step right together，Step left forward

5&6 Make1/2 Turn right stepping right forward，Step left together，Step right forward（12:00）

7&8 Step left forward，Step right together，Step left forward

【3×8】右前进恰恰步，左前进恰恰步

1&2 右脚向前一步，左脚并右脚，右脚向前一步

3&4 左脚向前一步，右脚并左脚，左脚向前一步

5&6 右转 1/2 同时右脚向前一步，左脚并右脚，右脚向前一步（面向 12:00）

7&8 左脚向前一步，右脚并左脚，左脚向前一步

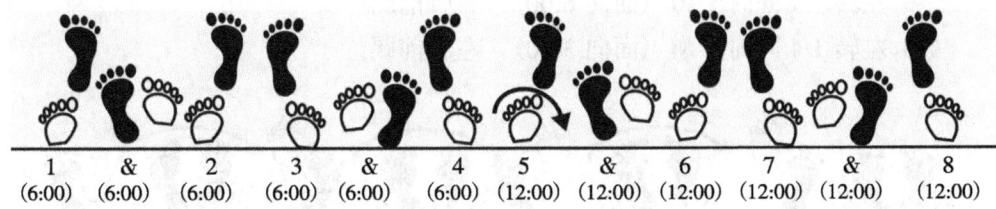

图 7-15 《红星闪闪》曲目第三个 8 拍动作图示

【4×8】 Bend Knees Jump

1-2 Jump，touch right heel to side

3-4 Jump，touch left heel to side

5-6 Jump，touch right heel to side

7-8 Jump，touch left heel to side

【4×8】并步跳，点地

1-2 并步跳，右脚跟向右点地

3-4 并步跳，重心在右脚同时左脚跟点地

5-6 并步跳，重心在左脚同时右脚跟点地

7-8 并步跳，重心在右脚同时左脚跟点地

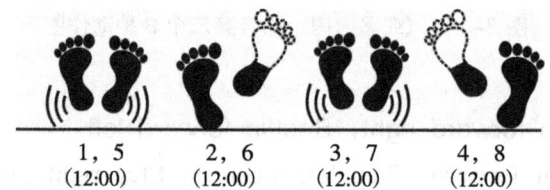

图 7-16 《红星闪闪》曲目第四个 8 拍动作图示

【5×8】 Bend Knees，turn，Kick

1-2 Bend knees，Kick right forward（6:00）

3-4 Make 1/4 turn left bending knees. kick left forward（9:00）

5-6 Make 1/4 turn left bending knees. kick right forward（6:00）

7-8 Make 1/4 turn left bending knees. kick left forward（3:00）

【5×8】屈膝，轴转，踢腿

1-2 半蹲（面向 6:00），右脚前踢

3-4 左转 1/4 同时半蹲（面向 9:00），左脚前踢

5-6 左转 1/4 同时半蹲（面向 6:00），右脚前踢

7-8 左转 1/4 同时半蹲（面向 3:00），左脚前踢

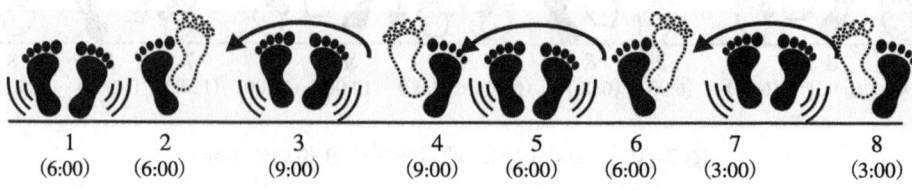

图 7-17 《红星闪闪》曲目第五个 8 拍动作图示

【6×8】Bump Knee

1-2 Step left next to right while touch right toe forward hold

3-4 Step right next to left Bump left knee to forward change weight to right

5 Bump right knee to forward change weight to left

6 Bump left knee to forward change weight to right

7-8 Bump right knee to forward change weight to left

Hand Option：salute with right hand touch right side of your head

【6×8】屈膝

1-2 左脚在右脚旁同时右脚掌点地，停住

3-4 右脚在左脚旁同时左脚掌点地，停住

5- 左脚在右脚旁同时右脚掌点地

6- 右脚在左脚旁同时左脚掌点地

7-8 左脚在右脚旁同时右脚掌点地，停住

手臂可以选择：右手敬礼

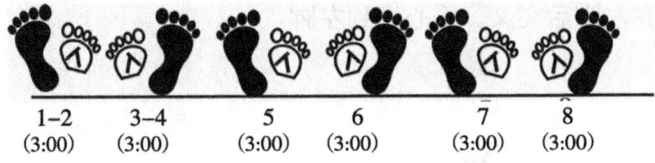

图 7-18 《红星闪闪》曲目第六个 8 拍动作图示

间奏（Tag）：

【1×8】Chasses right, Chasses Left

1&2 Step right to right side, step left together, Step right to right side

3-4 Cross left behind right, Recover weight on right

5&6 Step left to left side, step right together, Step left to left side

7-8 Cross right behind left, Recover weight on left

【1×8】右恰恰步，左恰恰步

1&2 右脚向旁一步，左脚并右脚，右脚向旁一步

3-4 左脚在右脚后交叉，重心还原到右脚

5&6 左脚向旁一步，右脚并左脚，左脚向旁一步

7-8 右脚在左脚后交叉，重心回到左脚

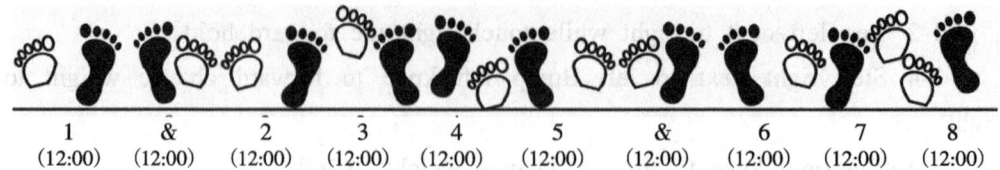

1	&	2	3	4	5	&	6	7	8
(12:00)	(12:00)	(12:00)	(12:00)	(12:00)	(12:00)	(12:00)	(12:00)	(12:00)	(12:00)

图 7-19 《红星闪闪》曲目第一个 8 拍间奏动作图示

【2×8】 Chasses right, Chasses Left

1&2 Step right to right side, step left together, Step right to right side

3-4 Cross left behind right, Recover weight on right

5&6 Step left to left side, step right together, Step left to left side

7-8 Cross right behind left, Recover weight on left

【2×8】 右恰恰步，左恰恰步

1&2 向右恰恰步

3-4 左脚在右脚后交叉，重心回到右脚

5&6 向左恰恰步

7-8 右脚在左脚后交叉，重心回到左脚

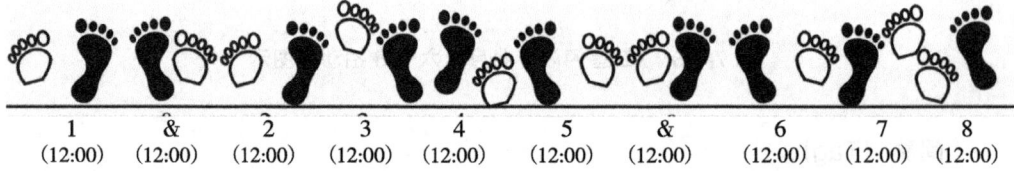

1	&	2	3	4	5	&	6	7	8
(12:00)	(12:00)	(12:00)	(12:00)	(12:00)	(12:00)	(12:00)	(12:00)	(12:00)	(12:00)

图 7-20 《红星闪闪》曲目第二个 8 拍间奏动作图示

【3×8】 Walk

1-4 Stepping in place right, left, right, left

5-8 Make 1/4 turn left stepping in place right, left, right, left（9:00）

【3×8】 踏步

1-4 右脚、左脚原地踏步 4 次

5-8 左转 1/4 同时右脚、左脚原地踏步 4 次（面向 9:00）

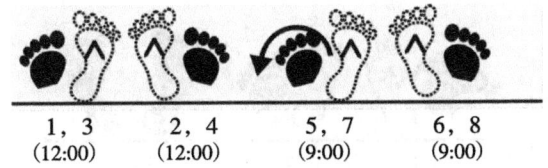

图 7-21　《红星闪闪》曲目第三个 8 拍间奏动作图示

【4×8】Walk

1-4 Stepping in place right，left，right，left（6:00）

5-8 Make 1/4 turn left stepping in place right，left，right，left（3:00）

Hand Option：salute with right hand touch right side of your head and hold styling

【4×8】踏步

1-4 右脚、左脚原地踏步 4 次（6:00）

5-8 左转 1/4 同时右脚、左脚原地踏步 4 次（3:00）

右手敬礼，然后停住。

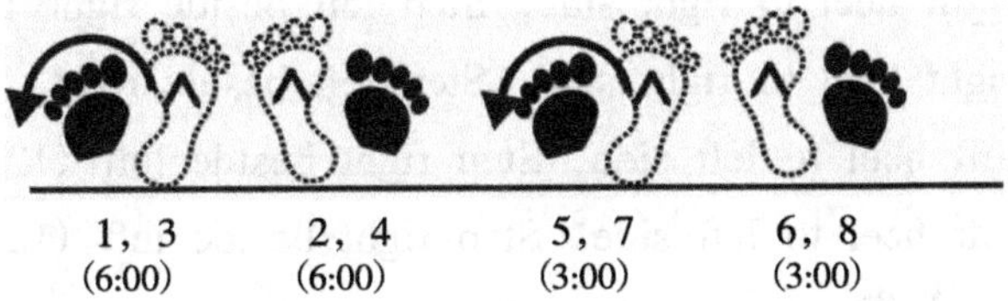

图 7-22　《红星闪闪》曲目第四个 8 拍间奏动作图示

【5×8】Walk

1-2 Make 1/4 turn left stepping in place right，left（12:00）

3-4 Pause

Hand Option：salute with right hand touch right side of your head and hold styling.

【5×8】踏步，敬礼

1-2 左转 1/4 同时右脚、左脚依次踏步（面向 12:00）

3-4 右手敬礼，然后停住

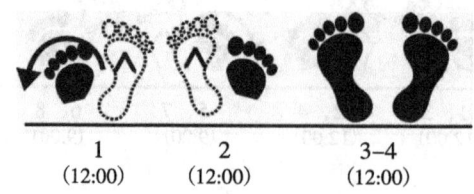

图 7-23 《红星闪闪》曲目第五个 8 拍间奏动作图示

三、《一起长大》

Count：64

Wall：2

Level：初级

Music：选自小淘气家族的《乘着风追梦》专辑，《让我们一起长大》

【1×8】TOUCH RIGHT/LEFT HEL，STEP LEFT BESIDE RIGHT

1-2 Touch right heel to right side，Step left beside right（12:00）

3-4 Touch right heel to right side，Step left beside right（12:00）

5-6 Touch left heel to left side，Step right beside left（12:00）

7-8 Touch left heel to left side，Step right beside left（12:00）

【1×8】点地，并步

1-2 左脚屈膝同时右脚跟向右点地，左脚并右脚

3-4 左脚屈膝同时右脚跟向右点地，左脚并右脚

5-8 同 1-4，方向相反

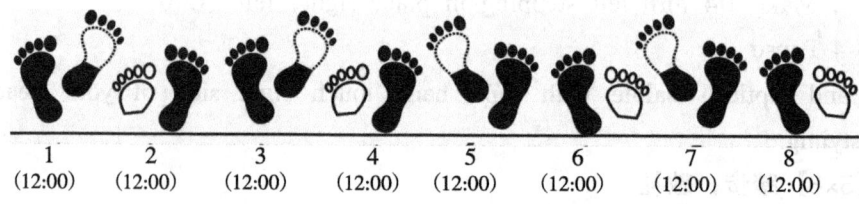

图 7-24 《一起长大》曲目第一个 8 拍动作图示

【2×8】TURN 1/4 LEFT, HITCH LEFT KNEE, HITCH RIGHT KNEE

1-2 Turn 1/4 left and hitch left knee（9:00），Hitch right knee（9:00）

3-4 Turn 1/4 left and hitch left knee（6:00），Hitch right knee（6:00）

5-6 Turn 1/4 left and hitch left knee（3:00），Hitch right knee（3:00）

7-8 Turn 1/4 left and hitch left knee（12:00），Hitch right knee（12:00）

【2×8】轴转，提膝

1-8 左脚、右脚依次跑跳步四次，面向9点、6点、3点、12点。

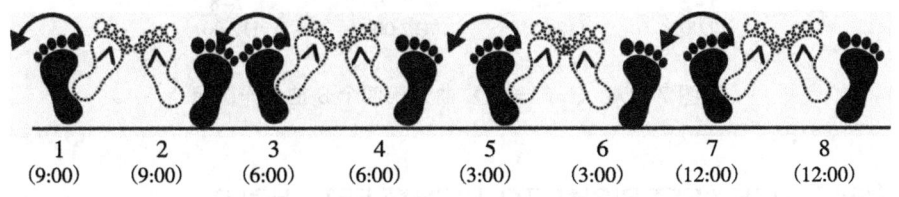

图7-25　《一起长大》曲目第二个8拍动作图示

【3×8】TOUCH LEFT/RIGHT HEEL, HOLD

1-2 Touch left heel to left side, Hold（12:00）

3-4 Step left beside right, Hold（12:00）

5-6 Touch right heel to right side, Hold（12:00）

7-8 Step right beside left, Hold（12:00）

【3×8】点地

1-4 右脚屈膝同时左脚跟向左点地，停住；左脚并右脚，停住

5-8 左脚屈膝同时右脚跟向右点地，停住；右脚并左脚，停住

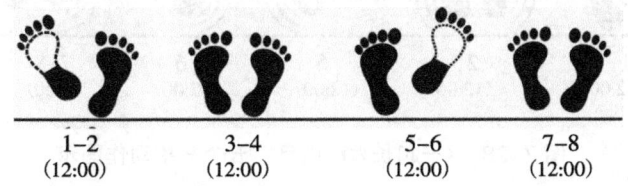

图7-26　《一起长大》曲目第三个8拍动作图示

【4×8】STEP LEFT FOEWARF/ BACK, HOLD

1-2 Step left forward, Hold（12:00）

3-4 Step left beside right, Hold（12:00）

5-6 Step right back, Hold（12:00）

7-8 Step right beside left, Hold（12:00）

【4×8】走步

1-4 左脚向前一步，停住；左脚并右脚，停住

5-8 右脚向后一步，停住；右脚并左脚，停住

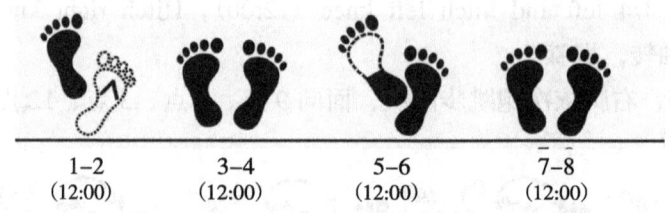

1-2
(12:00)

3-4
(12:00)

5-6
(12:00)

7-8
(12:00)

图 7-27 《一起长大》曲目第四个 8 拍动作图示

【5×8】KICK LEFT/RIGHT TO RIGHT/LEFT, HOLD

1-2 Kick left to side, Step left beside right（12:00）

3-4 Kick right to side, Step right beside left（12:00）

5-6 Jump, jump（12:00）

7-8 Jump turning 1/4 right（3:00）

【5×8】踢腿

1-8 左脚、右脚依次旁踢，左右蹦跳步转向 3 点

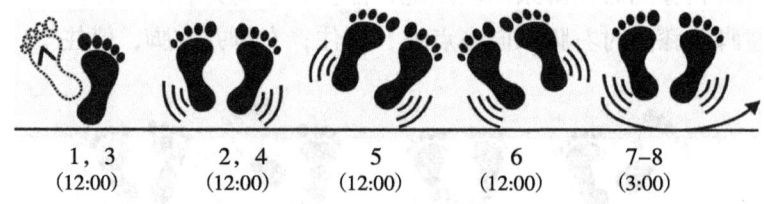

1, 3
(12:00)

2, 4
(12:00)

5
(12:00)

6
(12:00)

7-8
(3:00)

图 7-28 《一起长大》曲目第五个 8 拍动作图示

【6×8】KICK LEFT/RIGHT TO RIGHT/LEFT, HOLD

1-2 Kick left to side, Step left beside right（3:00）

3-4 Kick right to side, Step right beside left（3:00）

5-6 Jump, jump（3:00）

7-8 Jump turning 1/4 right（6:00），Hold

【6×8】重复【5×8】，身体转向 6 点

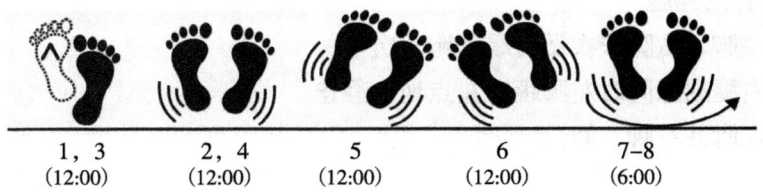

| 1，3 | 2，4 | 5 | 6 | 7-8 |
| (12:00) | (12:00) | (12:00) | (12:00) | (6:00) |

图 7-29　《一起长大》曲目第六个 8 拍动作图示

【7×8】STEP LEFT/RIGHT TO RIGHT/LEFT, TOUCH RIGHT/LEFT BIGHT LEFT/RIGHT

1-2 Step left to left side, Step right beside left（6:00）

3-4 Step left to left side, Touch right beside left（6:00）

5-6 Step right to right side, Step left beside right（6:00）

7-8 Step right to right side, Touch left beside right（6:00）

【7×8】并步，点地

1-4 左脚向左一步，右脚并左脚；左脚向左一步，右脚在左脚旁点地

5-8 右脚向右一步，左脚并右脚；右脚向右一步，左脚在右脚旁点地

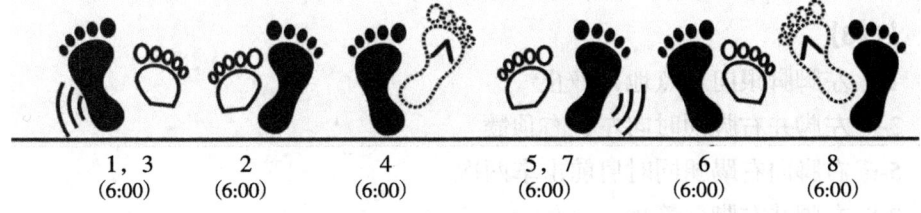

| 1，3 | 2 | 4 | 5，7 | 6 | 8 |
| (6:00) | (6:00) | (6:00) | (6:00) | (6:00) | (6:00) |

图 7-30　《一起长大》曲目第七个 8 拍动作图示

【8×8】ON BALL OF LEFT/RIGHT FLICK RIGHT/LEFT BACKWARD

1-2 On ball of left foot flick right foot backward, On ball of right foot flick left foot backward（6:00）

3-4 On ball of left foot flick right foot backward, On ball of right foot flick left foot backward（6:00）

5-6 Touch left heel to left side, Hold （6:00）

7-8 Step left beside right, Hold （6:00）

【8×8】后踢腿

1-4 左脚、右脚依次做后踢腿跑4次

5-6 右腿屈膝同时左脚跟向左点地，静止

7-8 左脚并右脚，静止

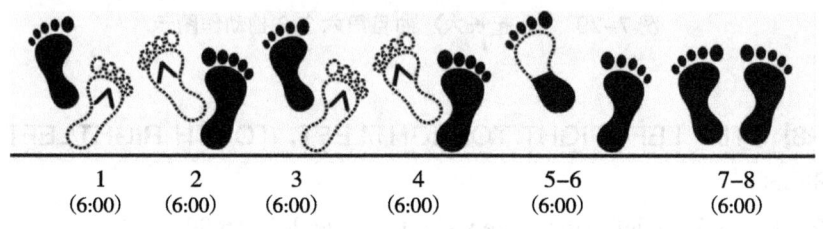

图 7-31 《一起长大》曲目第八个8拍动作图示

间奏：

【1×8】

1-2 Touch left heel to left side, Hold （12:00）

3-4 Step left beside right and bump hips left, Bump hips right （12:00）

5-6 Kick right to side （clap）, Hold （clap）（12:00）

7-8 Step right beside left, Hold （12:00）

【1×8】

1-2 左脚脚跟向左点地，静止

3-4 左脚并右脚同时向左、右顶髋

5-6 右脚向右踢腿同时肩前击掌两次

7-8 右脚并左脚，静止

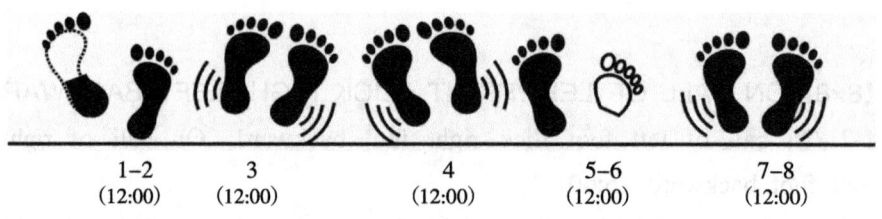

图 7-32 《一起长大》曲目第一个8拍间奏动作图示

【2×8】

1-2 Jumping jacks（12:00）

3-4 Feet to open，Recover the weight on to right（12:00）

5-6 Look to back（6:00），Look to forward（12:00）

7-8 Foot squat while hands helped knee，Hold（12:00）

【2×8】

1-2 开合跳

3-4 两脚跳成开立，重心移至右脚

5-6 头向后看、头向前看

7-8 两脚半蹲同时两手扶膝，静止

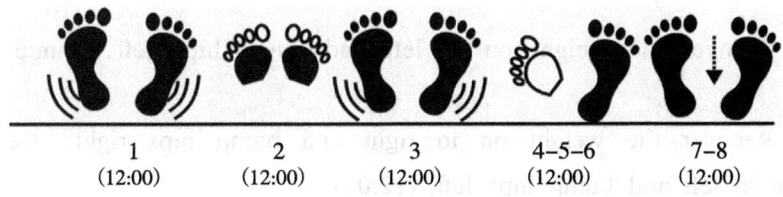

| 1 | 2 | 3 | 4-5-6 | 7-8 |
| (12:00) | (12:00) | (12:00) | (12:00) | (12:00) |

图 7-33　《一起长大》曲目第二个 8 拍间奏动作图示

【3×8】

1-2 Recover the weight on to right and bump hips right，Bump hips right（12:00）

3-4 Recover the weight on to left and bump hips left，Bump hips left（12:00）

5-6 Recover the weight on to right and bump hips right，Recover the weight on to left and bump hips left（12:00）

7-8 Recover the weight on to right and bump hips right，Recover the weight on to left and bump hips left（12:00）

【3×8】

1-2 重心移至右脚同时向右顶髋两次

3-4 重心移至左脚同时向左顶髋两次

5-6 重心移至右脚同时向右顶髋；重心移至左脚同时向左顶髋

7-8 同 5-6

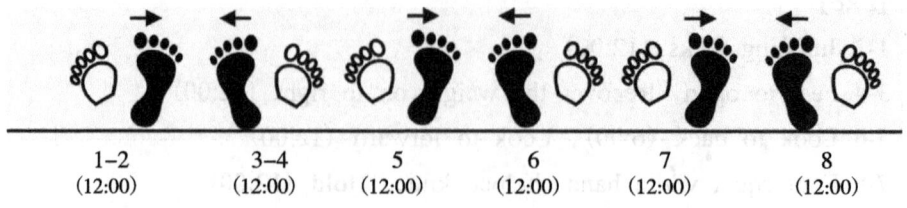

1-2   3-4   5   6   7   8
(12:00)   (12:00)   (12:00)   (12:00)   (12:00)   (12:00)

图 7-34 《一起长大》曲目第三个 8 拍间奏动作图示

【4×8】

1-2 Recover the weight on to right and bump hips right, Bump hips right（12:00）

3-4 Recover the weight on to left and bump hips left, Bump hips left（12:00）

5-6 Recover the weight on to right and bump hips right, Recover the weight on to left and bump hips left（12:00）

7-8 Recover the weight on to right and bump hips right, Recover the weight on to left and bump hips left（12:00）

【4×8】

1-2 重心移至右脚同时向右顶髋两次

3-4 重心移至左脚同时向左顶髋两次

5-6 重心移至右脚同时向右顶髋；重心移至左脚同时向左顶髋

7-8 同 5-6

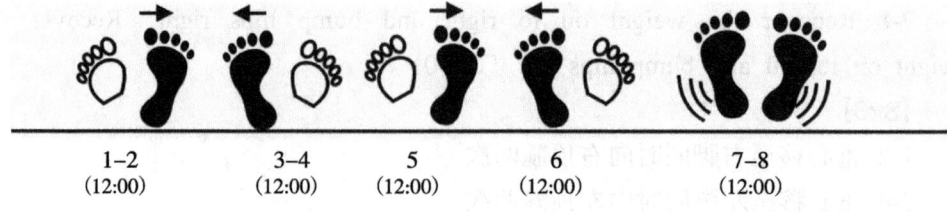

1-2   3-4   5   6   7-8
(12:00)   (12:00)   (12:00)   (12:00)   (12:00)

图 7-35 《一起长大》曲目第四个 8 拍间奏动作图示

第三节 中学曲目

一、《舞蹈地带》

DANCE ZONE

Count：32

Wall：4

Level：Beginner level

Choreographer：Vivienne Scott （July 06）

Music：Despre Tine by O-Zone （Start 68 counts in on the lyrics； you will hear the music change 4 counts before the lyrics start.）

【1×8】WALK FORWARD x3, TOUCH SIDE LEFT, WALK BACK x3, TOUCH SIDE RIGHT

1-2 Walk forward, right, left

3-4 Walk forward right, touch left toe to left side

5-6 Step back left, right

7-8 Step back left, touch right toe to right side

【1×8】向前走三步，侧点地，向后走三步，侧点地

1-2 右脚向前一步，左脚向前一步

3-4 右脚向前一步，左脚侧点地

5-6 左脚向后一步，右脚向后一步

7-8 左脚向后一步，右脚侧点地

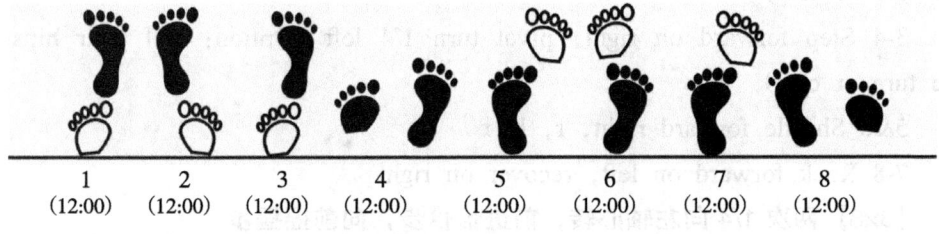

图 7-36 《舞蹈地带》曲目第一个 8 拍动作图示

（Option：5-6 Step back left turning 1/2 turn left, step forward right turning 1/2 turn left）

可选择：5-6 左脚同时左转 1/2，右脚向前同时左转 1/2

【2×8】STOMP FORWARD, HOLD, SHUFFLE FORWARD, STOMP FORWARD, HOLD, SHUFFLE FORWARD

1-2 Stomp right forward making 1/4 turn right to 3 o'clock wall, hold (Attitude move!)

3&4 Turn 1/4 turn left to 12 o'clock wall, shuffle forward, l, r, l

5-6 Stomp right forward making 1/4 turn right to 3 o'clock wall, hold (Attitude move!)

7&8 Turn 1/4 turn left to 12 o'clock wall, shuffle forward, l, r, l

【2×8】向前跺脚，前进恰恰步，向前跺脚，前进恰恰步

1-2 右转 1/4 同时右脚向前重踏（面向 3:00），停住

3&4 左转 1/4 同时左脚向前一步，右脚并左脚，左脚向前一步（面向 12:00）

5-6 右转 1/4 同时右脚向前重踏（面向 3:00），停住

7&8 左转 1/4 同时左脚向前一步，右脚并左脚，左脚向前一步（面向 12:00）

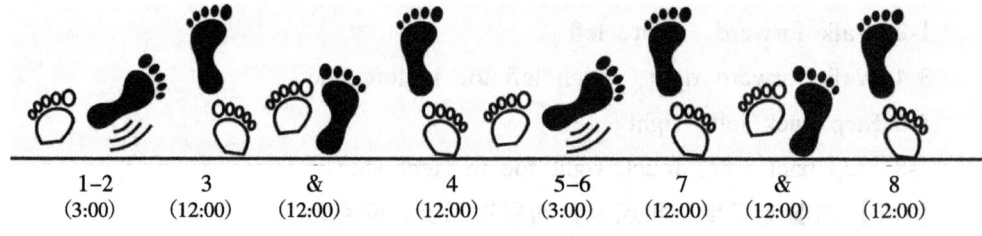

| 1–2
(3:00) | 3
(12:00) | &
(12:00) | 4
(12:00) | 5–6
(3:00) | 7
(12:00) | &
(12:00) | 8
(12:00) |

图 7-37 《舞蹈地带》曲目第二个 8 拍动作图示

【3×8】1/4 PIVOT LEFT x2, SHUFFLE FORWARD, ROCK FORWARD

1-2 Step forward on right, pivot turn 1/4 left (Option：roll your hips on the turn or clap)

3-4 Step forward on right, pivot turn 1/4 left (Option：roll your hips on the turn or clap)

5&6 Shuffle forward right, r, l, r

7-8 Rock forward on left, recover on right

【3×8】两次 1/4 向左轴心转，前进恰恰步，向前摇摆步

1-2 右脚向前一步，向左 1/4 轴心转（可选择：同时配合髋部绕环动作）

3-4 右脚向前一步，向左 1/4 轴心转（可选择：同时配合髋部绕环动作）

5&6 右脚向前一步，左脚并右脚，右脚向前一步

7-8 左脚向前一步，重心摇摆到右脚

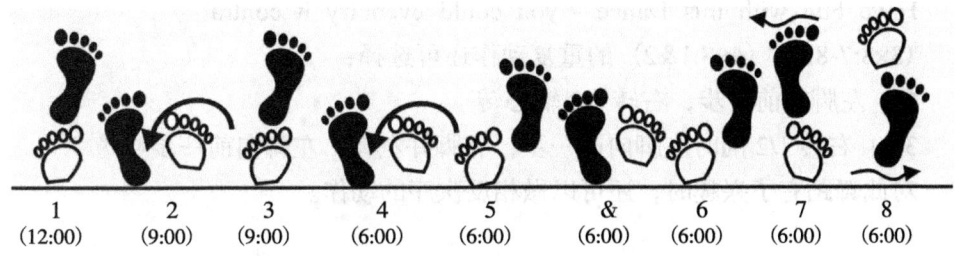

图 7-38 《舞蹈地带》曲目第三个 8 拍动作图示

【4×8】SHUFFLE BACK, ROCK BACK, CROSS 1/4 TURN RIGHT, STEP BACK, SWAYS

1&2 Shuffle back, l, r, l

3-4 Rock back on right, recover on left

5-6 Cross right over left making 1/4 turn right, step left back

7-8 Step right to right side swaying hips right, sway hips left （weight on left）

【4×8】后退恰恰步，向后摇摆步，向左 1/4 轴心转，摇摆步

1&2 左脚向后一步，右脚并左脚，左脚向后一步

3-4 右脚向后一步，重心摇摆到左脚

5-6 右转 1/4 同时右脚在左脚前交叉，左脚向后一步

7-8 右脚向右一步同时向右摇摆，向左摇摆（重心在左脚）

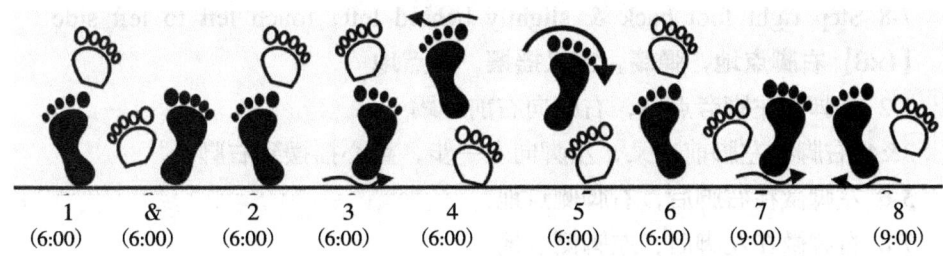

图 7-39 《舞蹈地带》曲目第四个 8 拍动作图示

REPEAT

Alternative for counts （3×8:7-8）； （4×8:1&2)

1-2 Step forward on left, pivot 1/2 turn right,

3&4 Shuffle l/2 turn right, l, r, l

Have Fun with this Dance - you could even try it contra!

（3×8:7-8）； （4×8:1&2） 的重复动作还可选择：

1-2 左脚向前一步，右转 1/2 轴心转

3&4 右转 1/2 同时左脚向前一步，右脚并左脚，左脚向前一步

对此舞蹈有了兴趣时，还可以做相反次序的动作。

二、 《非我所爱》

BILLIE JEAN

Count：48

Wall：2

Level：Intermediate

Choreographer：Liz Surrey & Jacqui Fields

Music：Billie Jean by Michael Jackson

【1×8】 RIGHT TOUCH KICK, CROSS ROCK SIDE, STEP BEHIND SIDE TOUCH, STEP BEHIND SIDE TOUCH

1-2 Touch right toe beside left, kick right to right diagonal

3&4 Cross step right over left, rock left to left side, recover weight onto right

5-6 Step left foot back & slightly behind right, touch right to right side

7-8 Step right foot back & slightly behind left, touch left to left side

【1×8】 右脚点地，弹踢，交叉摇摆，侧点地

1-2 右脚在左脚旁点地，右腿向右前弹踢

3&4 右脚在左脚前交叉，左脚向左一步，重心摇摆到右脚

5-6 左脚微在右脚后，右脚侧点地

7-8 右脚微在左脚后，左脚侧点地

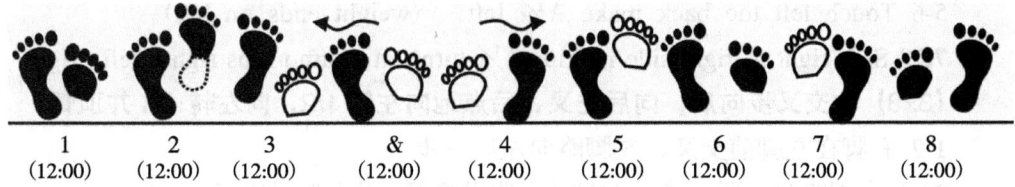

图 7-40 《非我所爱》曲目第一个 8 拍动作图示

【2×8】HEEL TWIST LEFT Â¼ TURN, LEFT COASTER STEP, STEP FORWARD TOUCH SIDE, STEP FORWARD TOUCH SIDE

1&2 Twist heels right, left, right while making Â¼ turn left （weight ends on right）

3&4 Step back left, step right beside left, step forward left

5-6 Step forward right slightly across left, touch left to left side

7-8 Step forward left slightly across right, touch right to right side

【2×8】1/4 向右轴转，扭转脚跟，左海岸步，侧点地

1&2 向右扭转脚跟，向左扭转脚跟，左转 1/4 同时向右扭转脚跟（重心在右脚）

3&4 左脚向后一步，右脚并左脚，左脚向前一步

5-6 右脚略向前交叉，左脚侧点地

7-8 左脚略向前交叉，右脚侧点地

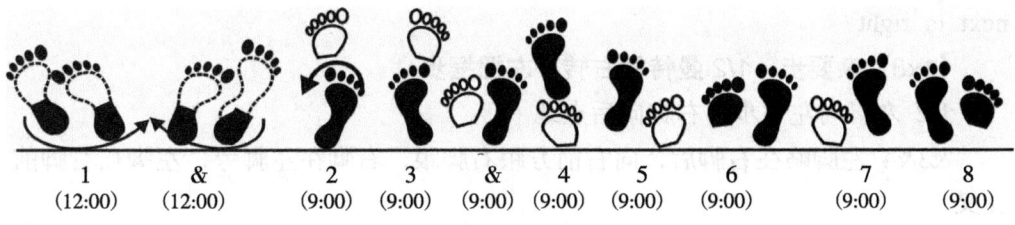

图 7-41 《非我所爱》曲目第二个 8 拍动作图示

【3×8】RIGHT CROSS STEP BACK, STEP BACK CROSS BACK, TOUCH BACK Â½ TURN LEFT, Â¼ TURN LEFT INTO HIP BUMPS

1-2 Step right across left, step left back slightly to left diagonal

3&4 Step right back slightly to right diagonal, cross left over right, step right back to slightly to right diagonal

5-6 Touch left toe back make Â½ left, （weight ends on left）

7&8 Step right to right side making Â¼ turn left, bump hips right, left, right

【3×8】右交叉步向后，向后交叉，后点地向左转 1/2，向左转 1/4 并顶臀

1-2 右脚在左脚前交叉，左脚略向左后一步

3&4 右脚略向右后一步，左脚在右脚前交叉，右脚略向右后一步

5-6 左脚向后点地，左转 1/2 （结束时重心在左脚）

7&8 右脚向旁并向左转 1/4 同时右、左、右顶臀

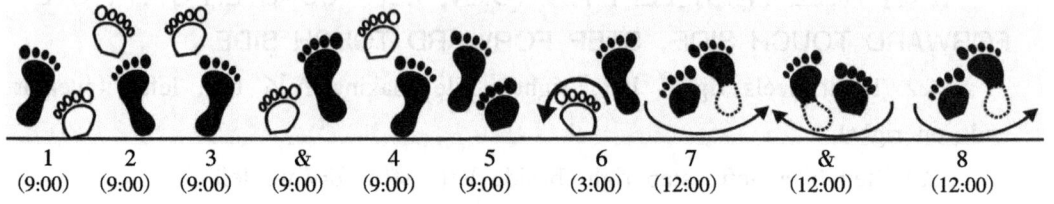

1	2	3	&	4	5	6	7	&	8
(9:00)	(9:00)	(9:00)	(9:00)	(9:00)	(9:00)	(3:00)	(12:00)	(12:00)	(12:00)

图 7-42 《非我所爱》曲目第三个 8 拍动作图示

【4×8】LEFT SIDE BEHIND & RIGHT HEEL JACK CROSS, Â½ MONTEREY, LEFT SIDE ROCK & TOUCH

1-2 Step left to left side, step right behind left

&3&4 Step left slightly back of right, touch right heel to right diagonal, step right next to left, cross step left over right

5-6 Touch right to right side, make Â½ turn right stepping right beside left

7&8 Rock left to left side , recover the weight on to right, touch left next to right

【4×8】杂耍步，1/2 曼特律右转，左摇摆步

1-2 左脚向左一步，右脚向后点地

&3&4 左脚略在右脚后，向右前方跟右脚跟，右脚在左脚旁，左脚在右脚前交叉

5-6 右脚向右点地，右转 1/2 同时右脚在左脚旁

7&8 向左摇摆步，重心还原到右脚，左脚在右脚旁点地

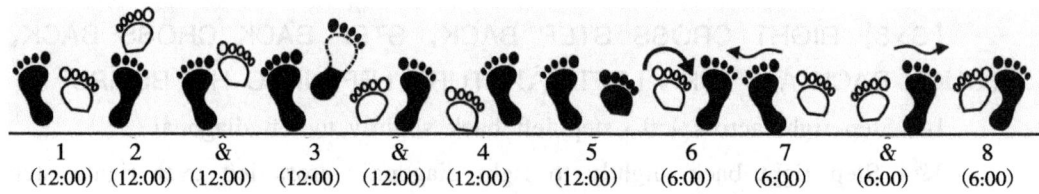

1	2	&	3	&	4	5	6	7	&	8
(12:00)	(12:00)	(12:00)	(12:00)	(12:00)	(12:00)	(12:00)	(6:00)	(6:00)	(6:00)	(6:00)

图 7-43 《非我所爱》曲目第四个 8 拍动作图示

【5×8】 & KICK STEP TOUCH, KICK STEP TOUCH, STEP BEHIND Â¼ LEFT, RIGHT STEP, HEEL RAISE

&1&2 Take weight onto left, kick right forward, step right slightly forward, touch left to left side

3&4 Kick left forward, step left slightly forward, touch right to right side

5-6 Step right behind left, make Â¼ turn left step left forward

7&8 Step right foot forward slightly in front of left, raise heels up then down

【5×8】右脚弹踢，左脚弹踢，1/4 左轴转

&1&2 重心移到左脚，右腿向前弹踢，右脚向前一小步，左脚侧点地

3&4 左脚向前弹踢，左脚向前一小步，右脚侧点地

5-6 右脚向左脚后一步，左转 1/4 同时左脚向前一步

7&8 右脚向前一小步，两脚跟抬起，然后同时落地

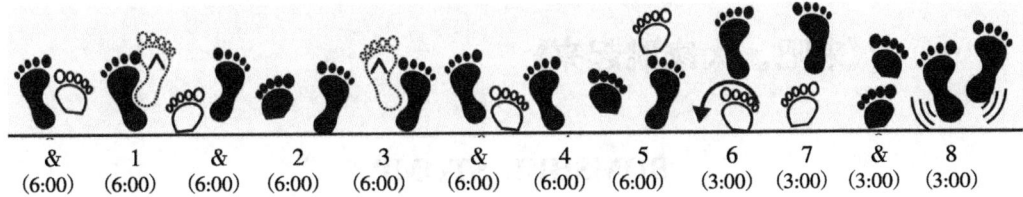

&	1	&	2	3	&	4	5	6	7	&	8
(6:00)	(6:00)	(6:00)	(6:00)	(6:00)	(6:00)	(6:00)	(6:00)	(3:00)	(3:00)	(3:00)	(3:00)

图 7-44　《非我所爱》曲目第五个 8 拍动作图示

【6×8】 STEP RIGHT, LEFT BEHIND, BALL CROSS, SWAY HIPS RIGHT THEN LEFT, TOUCH & TOUCH, HITCH Â¼ TURN RIGHT, TOUCH

1-2 Step right to right side, step left behind right

&3-4 Step right next to left, cross left over right, step right to right side swaying hips to right

5-6 Sway hips to the left, touch right beside left

&7&8 Step weight onto right, touch left to left side, hitch left knee making Â¼ turn to right, touch left to left side

【6×8】交叉步，摆臀，1/4 右轴转

1-2 右脚向右一步，左脚在右脚后

&3-4 右脚并左脚，左脚在右脚前交叉，右脚向旁同时向右摆臀

5-6 向左摆臀，右脚在左脚旁点地

&7&8 重心移到右脚，左脚侧点地，右转 1/4 同时屈左膝，左脚侧点地

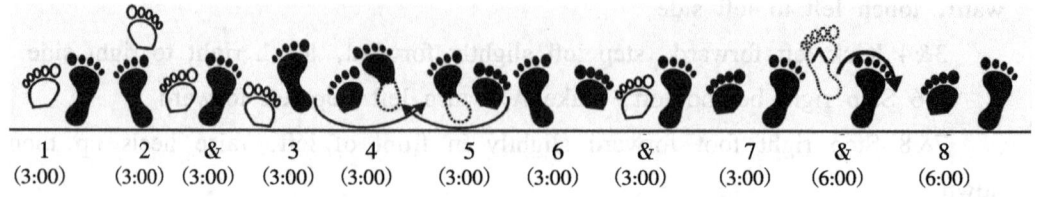

1	2	&	3	4	5	6	&	7	&	8
(3:00)	(3:00)	(3:00)	(3:00)	(3:00)	(3:00)	(3:00)	(3:00)	(3:00)	(6:00)	(6:00)

图 7-45 《非我所爱》曲目第六个 8 拍动作图示

第四节　大学曲目

一、《来吧，大家跳起来》

BOMSHEL STOMP

Counts：48

Walls：2

Level：Beginner / Intermediate

Choreographer：Jamie Marshall & Karen Hedges

Music：Bomshel Stomp by Bomshel

【1×8】HEEL PUMPS, ¼ TURN SAILOR, ROCK, RECOVER, COASTER STEP

1&2 Extend R heel diagonally forward, Hitch R, Extend R heel diagonally forward

3&4 Cross R behind L, Turn ¼ L, stepping forward on L, Step R next to L

5-6 Rock L forward, Recover onto R

7&8 Step L back, Step R next to L, Step L forward （9:00）

【1×8】1/4 左转水手步，摇摆步，海岸步

1&2　右脚跟向右前方点地，右脚屈膝抬起，右脚跟向右前方点地

3&4　右脚在左脚后交叉，左转 1/4 同时左脚向前一步，右脚并左脚

5-6　左脚向前一步，重心摇摆到右脚

7&8　左脚向后一步，右脚并左脚，左脚向前一步

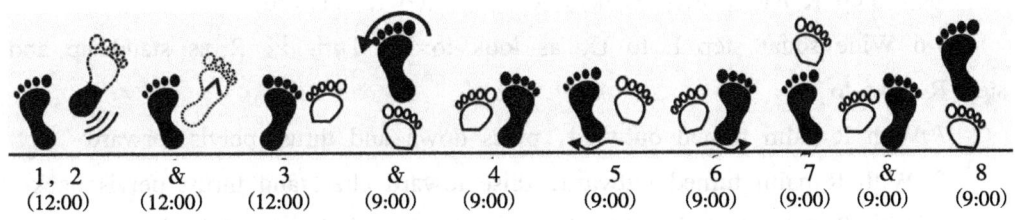

| 1, 2 | & | 3 | & | 4 | 5 | 6 | 7 | & | 8 |
| (12:00) | (12:00) | (12:00) | (9:00) | (9:00) | (9:00) | (9:00) | (9:00) | (9:00) | (9:00) |

图 7-46　《来吧，大家跳起来》曲目第一个 8 拍动作图示

【2×8】WIZARD STEPS (Step R diagonally forward R，Lock L behind R，Step R to R，Repeat to L)

1-2& Step R diagonally forward R，Lock L behind R，Step R to R

3-4& Step L diagonally forward L，Lock R behind L，Step L to L

5-6& Step R diagonally forward R，Lock L behind R，Step R to R

7-8 Step L forward，Touch R next to L

【2×8】弹簧步

1-2&　右脚向右前方一步，左脚在右脚后锁步，右脚向右一步

3-4&　左脚向左前方一步，右脚在左脚后锁步，左脚向左一步

5-6&　右脚向右前方一步，左脚在右脚后锁步，右脚向右一步

7-8　左脚向左一步，右脚在左脚旁点地

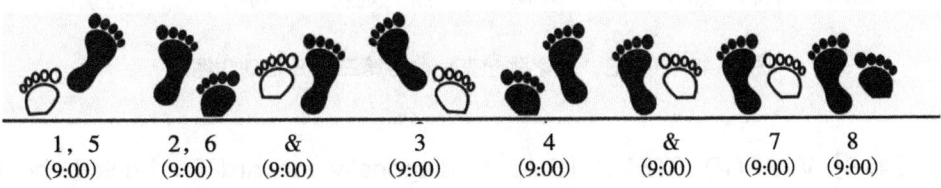

| 1, 5 | 2, 6 | & | 3 | 4 | & | 7 | 8 |
| (9:00) | (9:00) | (9:00) | (9:00) | (9:00) | (9:00) | (9:00) | (9:00) |

图 7-47　《来吧，大家跳起来》曲目第二个 8 拍动作图示

【3×8】 STEP R BACK, SCOOT W/L HITCH, REPEAT W/L, COAST-ER STEP, SQUAT, ¼ TURN TO R, PELVIS, THRUST WHILE PALM TURNED OUTWARD PRESSES DOWN （OR BODY ROLL AFTER 1ST WALL）

1& Step back on R, Scoot R slightly back while hitching L

2& Step back on L, Scoot L slightly back while hitching R

3&4 Step R back, Step L next to R , Step R forward

5-6 Wide squat step L to L, as look to R, Turn ¼ R as stand up and step R next to L

7 With R palm turned outward, press down and thrust pelvis forward

& With R palm turned outward, raise toward chest and thrust pelvis back

8 With R palm turned outward, press down and thrust pelvis forward

(Ending with weight on L) （12:00）

【3×8】 向右急速滑动，屈膝，海岸步，半蹲，顶髋

1& 右脚向后滑动的同时左脚屈膝

2& 左脚向后滑动的同时右脚屈膝

3&4 右脚向后一步，左脚并右脚，右脚向前一步

5-6 左脚向左一步成半蹲同时看右边，右转 1/4 站立同时右脚并左脚

7 下蹲同时向前顶髋，右掌向外

& 直立同时向后顶髋

8 下蹲同时向前顶髋，右掌向外

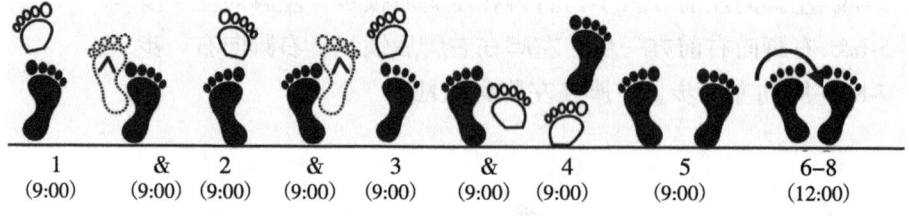

| 1 | & | 2 | & | 3 | & | 4 | 5 | 6-8 |
| (9:00) | (9:00) | (9:00) | (9:00) | (9:00) | (9:00) | (9:00) | (9:00) | (12:00) |

图 7-48 《来吧，大家跳起来》曲目第三个 8 拍动作图示

【4×8】 WIZARD STEPS （Step R diagonally forward R, Lock L behind R, Step R to R, Repeat to L）

1-2& Step R diagonally forward R, Lock L behind R, Step R to R

3-4& Step L diagonally forward L, Lock R behind L, Step L to L

5-6& Step R diagonally forward R, Lock L behind R, Step R to R

7-8　Step L forward, Touch R next to L

【4×8】弹簧步

1-2& 右脚向右前方一步，左脚在右脚后锁步，右脚向右一步

3-4& 左脚向左前方一步，右脚在左脚后锁步，左脚向左一步

5-6& 右脚向右前方一步，左脚在右脚后锁步，右脚向右一步

7-8　左脚向前一步，右脚在左脚旁点地

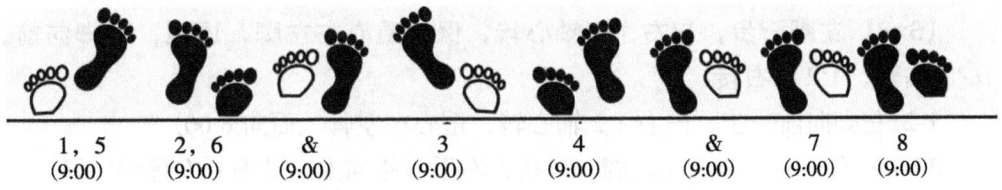

| 1, 5 | 2, 6 | & | 3 | 4 | & | 7 | 8 |
| (9:00) | (9:00) | (9:00) | (9:00) | (9:00) | (9:00) | (9:00) | (9:00) |

图 7-49　《来吧，大家跳起来》曲目第四个 8 拍动作图示

【5×8】BOMSHEL STOMP, STOMP R, HOLD, STOMP L, HOLD, CCW ROLL, STEP, STEP, STEP

1-2 Stomp R to R, Hold

3-4 Stomp L to L, Hold

5-6 Roll hips counter-clockwise, ending with weight on L as touch R next to L

7&8 Small steps forward, R, L, R（12:00）

【5×8】跺脚步，右脚重踏，停住，左脚重踏，停住，逆时针转动臀部，一步，一步，一步

1-2 右脚向右重踏，停住

3-4 左脚向左重踏，停住

5-6 逆时针转动臀部，结束时右脚并左脚，重心在左脚上

7&8　右脚、左脚、右脚依次向前一小步（面向 12:00）

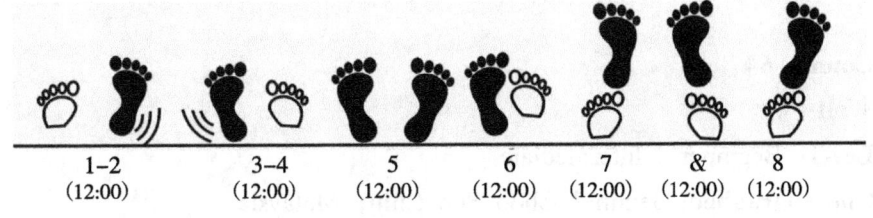

| 1-2 | 3-4 | 5 | 6 | 7 | & | 8 |
| (12:00) | (12:00) | (12:00) | (12:00) | (12:00) | (12:00) | (12:00) |

图 7-50　《来吧，大家跳起来》曲目第五个 8 拍动作图示

【6×8】STEP L, PIVOT ½ R, KEEPING WEIGHT ON L, HIP BUMPS, STEP R FORWARD, ½ TURN R, ½ TURN R

1-2 Step L forward, Pivot ½ R, keeping weight on L　(6:00)

3&4& Bump hips to R, Bump hips to L, Bump hips to R, Bump hips to L (STYLING：Hold up R hand with index finger pointed up, wave hand R to L)

5-6 Step R forward, Pivot ½ R, stepping back on L

7-8 Pivot ½ R, stepping forward on R, Step L next to R　(6:00)

【6×8】左脚一步，向右 1/2 轴心转，保持重心在左脚，顶髋，右脚向前，1/2 向右转，1/2 向右转

1-2 左脚向前一步，向右 1/2 轴心转，重心在左脚（面向 6:00）

3&4& 右、左、右、左顶髋（风格：右手食指向上，从右到左挥动手臂）

5-6 右脚向前，向右 1/2 轴心转同时左脚向后（12:00）

7-8 向右 1/2 轴心转，右脚向前，左脚在右脚旁

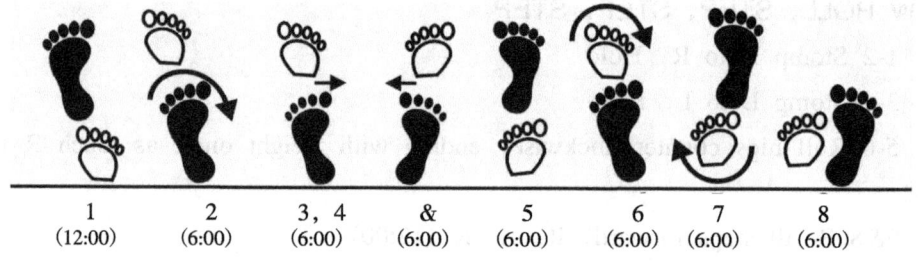

| 1 | 2 | 3, 4 | & | 5 | 6 | 7 | 8 |
| (12:00) | (6:00) | (6:00) | (6:00) | (6:00) | (6:00) | (6:00) | (6:00) |

图 7-51　《来吧，大家跳起来》曲目第六个 8 拍动作图示

二、《蓝色婚礼》

Zoobi Doobi

Count：64

Wall：4

Level：Beginner / Intermediate

Choreographer：Jennifer Choo Sue Chin, Malaysia

Music：Zoobi Doobi by Sonu Nigam & Shreya Ghoshal

start when the beat kicks in, approx at 0:38

【1×8】DIAGONAL LOCK，FLICK，DIAGONAL LOCK，FLICK

1-2 Step RF fwd crossing over LF, Lock LF behind RF　（10:30）

3-4 Step RF fwd crossing over LF, ¼ turn R on ball of RF flick LF back
（1:30）

5-6 Step LF fwd crossing over RF, Lock RF behind LF　（1:30）

7-8 Step LF fwd crossing over RF, ¼ turn L on ball of LF flick RF back
（10:30）

【1×8】锁步，屈膝后踢

1-2 右脚在左脚前交叉，左脚在右脚后交叉锁步（面向 10:30）

3-4 右脚在左脚前交叉，右转 1/4 同时左脚屈膝后踢（面向 1:30）

5-6 左脚在右脚前交叉，右脚在左脚后交叉锁步（面向 10:30）

7-8 左脚在右脚前交叉，左转 1/4 同时右脚屈膝后踢（面向 10:30）

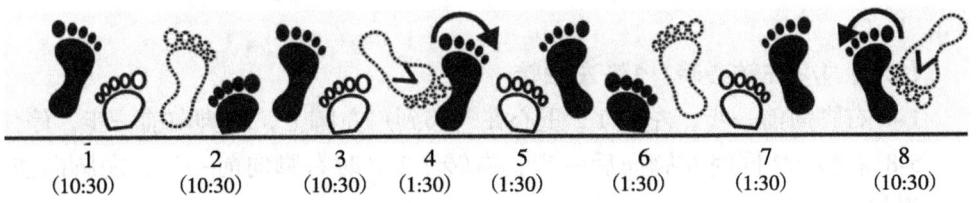

|1|2|3|4|5|6|7|8|
|(10:30)|(10:30)|(10:30)|(1:30)|(1:30)|(1:30)|(1:30)|(10:30)|

图 7-52 《蓝色婚礼》曲目第一个 8 拍动作图示

【2×8】CROSS MAMBO，HOLD，BACK MAMBO，HOLD

1-4 Cross Rock RF over LF, Recover weight on LF, Step RF diag R
back, Hold（10.30）

5-8 Rock LF diag R back, Recover weight on RF, Step LF diag L fwd,
Hold（10:30）

【2×8】交叉曼波步，停住，向后曼波步，停住

1-4 右脚向前交叉摇摆步，重心移到左脚，右脚向右后一步，停住（10:30）

5-8 左脚向右后摇摆步，重心还原到右脚，左脚向左前，停住（10:30）

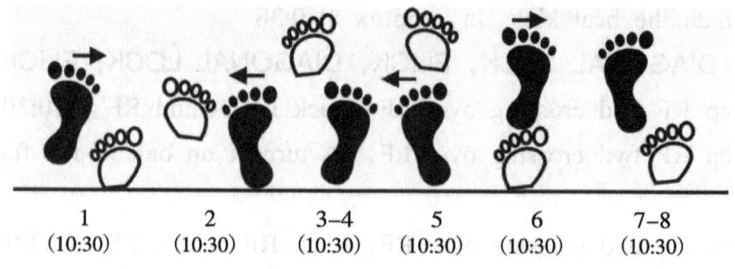

1	2	3-4	5	6	7-8
(10:30)	(10:30)	(10:30)	(10:30)	(10:30)	(10:30)

图 7-53 《蓝色婚礼》曲目第二个 8 拍动作图示

Options：Bend both elbows like chicken wings and flap them 8 times（1 flap for every count）

可选择：双手肘部弯曲如鸡翅并振摆 8 次（每拍一次）

【3×8】PIVOT ½L TURN，FORWARD HOLD，FULL TURN R，HOLD

1-4 Step RF fwd (towards 12:00)，½ turn L shifting weight on LF，Step RF fwd，Hold （6:00）

5-8 ½ turn R stepping LF back，½ turn R stepping RF fwd，Step LF fwd，Hold

【3×8】1/2 左轴心转，1/2 左轴转

1-4 右脚向前一步，左转 1/2 重心在（移到）左脚上，右脚向前一步，停住

5-8 右转 1/2 同时左脚向后一步，右转 1/2 同时右脚向前一步，左脚向前一步，停住

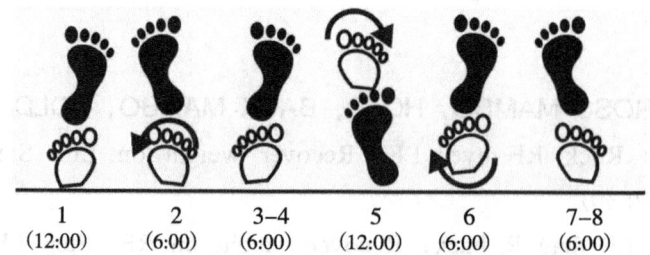

1	2	3-4	5	6	7-8
(12:00)	(6:00)	(6:00)	(12:00)	(6:00)	(6:00)

图 7-54 《蓝色婚礼》曲目第三个 8 拍动作图示

【4×8】½R TURN WALK（SKIP） AROUND WITH KICKS

1-2 Kick RF fwd，Execute 1/8 turn R Stepping RF fwd (7:30)

3-4 Kick LF fwd，Execute 1/8 turn R Stepping LF fwd (9:00)

5-6 Kick RF fwd，Execute 1/8 turn R Stepping RF fwd (10:30)

7-8 Kick LF fwd，Execute 1/8 turn R Stepping LF fwd (12:00)

【4×8】½右轴转，弹踢

1-2 右脚向前弹踢，右转 1/8 同时右脚向前一步（面向 7:30）

3-4 左脚向前弹踢，右转 1/8 同时左脚向前一步（面向 9:00）

5-6 右脚向前弹踢，右转 1/8 同时右脚向前一步（面向 10:30）

7-8 左脚向前弹踢，右转 1/8 同时左脚向前一步（面向 12:00）

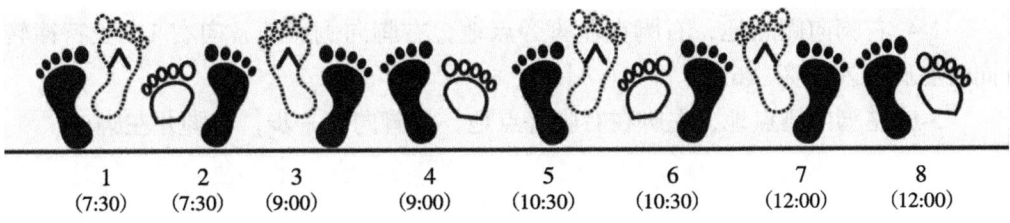

1	2	3	4	5	6	7	8
(7:30)	(7:30)	(9:00)	(9:00)	(10:30)	(10:30)	(12:00)	(12:00)

图 7-55　《蓝色婚礼》曲目第四个 8 拍动作图示

可选择：为使舞步更有趣意，向前走步可改为蹦步，头可左右摇摆。

Options：To make it more fun, skip instead of stepping fwd and tilt your head left and right.

【5×8】TOE HEEL CROSS HOLD，TOE HEEL CROSS HOLD

1-4 Touch R toe next to LF, Dig R heel to R diagonal, Cross RF over LF, hold

5-8 Touch L toe next to RF, Dig L heel to L diagonal, Cross LF over RF, hold

【5×8】脚掌脚跟点地，脚掌脚跟点地

1-4 右脚在左脚旁点地，右脚跟向右前点地，右脚在左脚前交叉，停住

5-8 左脚在右脚旁点地，左脚跟向左前点地，左脚在右脚前交叉，停住

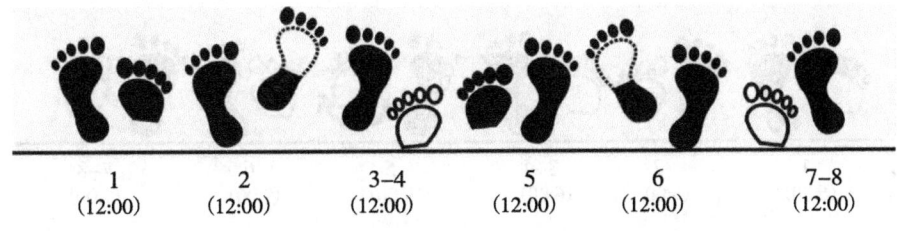

1	2	3-4	5	6	7-8
(12:00)	(12:00)	(12:00)	(12:00)	(12:00)	(12:00)

图 7-56　《蓝色婚礼》曲目第五个 8 拍动作图示

【6×8】POINT TOUCH, MONTEREY ½R TURN, POINT TOUCH STEP TOUCH

1-4 Point R toe to R, Touch RF next to LF, Point R toe to R, ½ turn R close RF next to LF （6:00）

5-8 Point L toe to L, Touch LF next to RF, Step LF to L, Touch R toe next to LF

【6×8】侧点地，1/2 向右曼特律转，侧点地，并步

1-4 右脚向侧点地，右脚在左脚旁点地，右脚向侧点地，向右 1/2 曼特律转同时右脚在左脚旁 （6:00）

5-8 左脚向侧点地，左脚在右脚旁点地，左脚向旁一步，右脚并左脚。

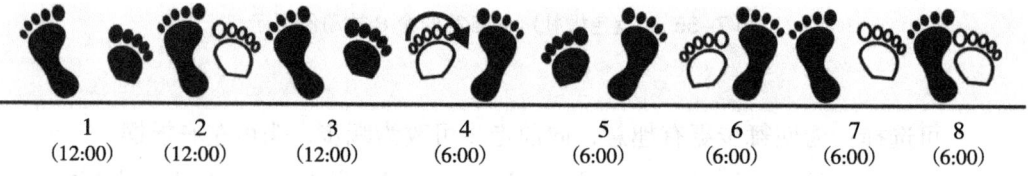

图 7-57 《蓝色婚礼》曲目第六个 8 拍动作图示

【7×8】RIGHT CHASSE HOLD, ¼L TURN LEFT CHASSE

1-4 Step RF to R, Close LF next to RF, Step RF to R, Hold

5-8 ¼ turn left stepping LF to L, Close RF next to LF, Step LF to L （3:00）

【7×8】右恰恰步，1/4 左转，左恰恰步

1-4 右脚向右一步，左脚并右脚，右脚向右一步，停住

5-8 左转 1/4 同时左脚向左一步，右脚并左脚，左脚向左一步 （面向 3:00）

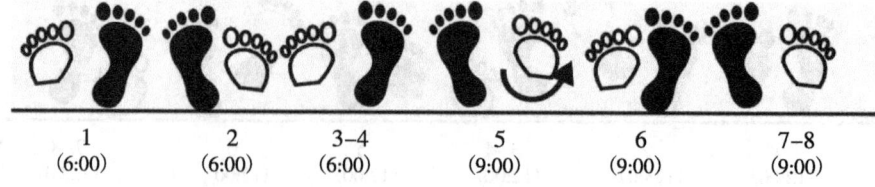

图 7-58 《蓝色婚礼》曲目第七个 8 拍动作图示

【8×8】SLOW ½L PIVOT, HIP TWISTS DOWN AND UP, FLICK

1-4 Step RF fwd, hold, Execute ½ turn L weight on LF, hold （9:00）

5-6 Close RF to LF and twist hips to L （knees a bit bent）, Bend knees more and twist heels to R

7-8 Straighten knees a bit and twist hips to L, Straighten knees twist hips to R and flick RF back

【8×8】1/2 左轴心转，臀部由下向上扭动，向后屈膝

1-4 右脚向前一步，停住，左转 1/2 重心在左脚上，停住 （9:00）

5-6 右脚并左脚同时向左顶髋 （稍屈膝），继续屈膝同时向右顶髋

7-8 稍直膝同时向左顶髋，直膝向右顶髋同时右脚屈膝后踢

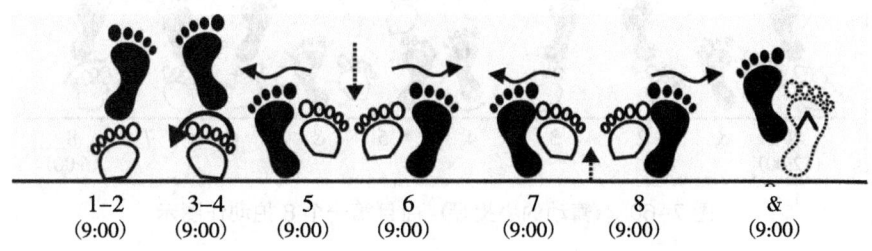

图 7-59 《蓝色婚礼》曲目第八个 8 拍动作图示

三、《舞动的小提琴》

DANCING VIOLINS

Count：0

Wall：2

Level：beginner/intermediate

Choreographer：Maggie Gallagher

Music：Duelling Violins by Ronan Hardiman

Sequence：A, A, B, B, A, A, A

组合 A： （Part A）

【1×8】 RIGHT SHUFFLE, ROCK, COASTER STEP, PIVOT½ LEFT

1&2 Shuffle forward right-left-right

3-4 Rock forward on left, rock back on right

5&6 Step back on left, step back on right, step forward on left

7-8 Step on right, half pivot turn to left

【1×8】 右前进恰恰步，摇摆步，海岸步，1/2 左轴转

1&2 右脚向前一步，左脚并右脚，右脚向前一步

3-4 摇摆步左脚向前一步，右脚向后一步

5&6 左脚向后一步，右脚向后一步，左脚向前一步

7-8 右脚向前一步，向左 1/2 轴心转

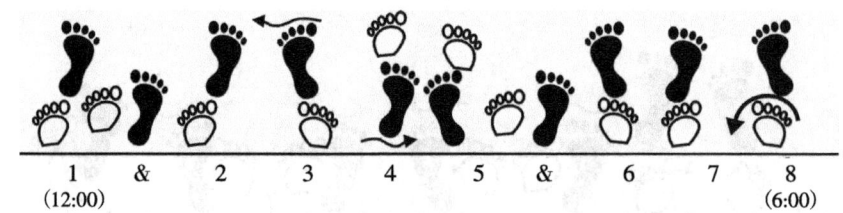

图 7-60 《舞动的小提琴》曲目第一个 8 拍动作图示

【2×8】 RIGHT SHUFFLE, ROCK, COASTER STEP, PIVOT½ LEFT

【2×8】 1&2 Shuffle forward right-left-right

3-4 Rock forward on left, rock back on right

5&6 Step back on left, step back on right, step forward on left

7-8 Step on right, half pivot turn to left

【2×8】 右前进恰恰步，摇摆步，海岸步，1/2 左轴转

【2×8】 1&2 右脚向前一步，左脚并右脚，右脚向前一步

3-4 左脚向前一步，重心摇摆到右脚

5&6 左脚向后一步，右脚并左脚，左脚向前一步

7-8 右脚向前一步，向左 1/2 轴心转

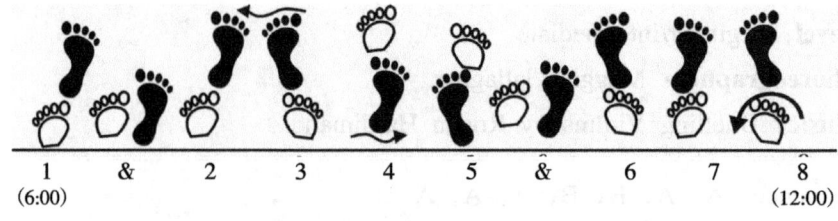

图 7-61 《舞动的小提琴》曲目第二个 8 拍动作图示

【3×8】STOMPS，HEELS

1-2 Stomp right forward, stomp left behind

3&4 Heels out, in, out

5-6 Heels in, out

7&8 Heels in, out, in

【3×8】跺脚步

1-2 右脚在左脚前重踏，左脚在右脚后重踏

3&4 双脚脚跟向外摆动，双脚脚跟向内摆动，双脚脚跟向外摆动

5-6 双脚脚跟向内摆动，双脚脚跟向外摆动

7&8 双脚脚跟向内摆动，双脚脚跟向外摆动，双脚脚跟向内摆动

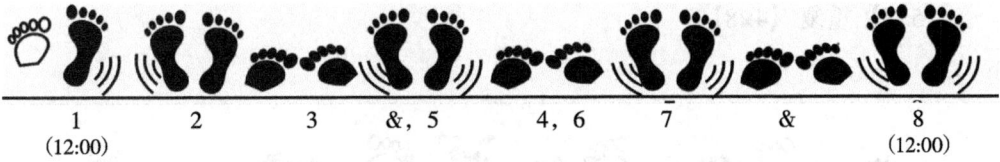

图 7-62　《舞动的小提琴》曲目第三个 8 拍动作图示

【4×8】RUNNING STEP BALLS, ROCK, ½ TURN SHUFFLE

1&2 Step forward on right, step ball of left behind right, step forward right

&3& Step on ball of left behind right, step forward right, step on ball of left behind right

4 Step forward right

5-6 Rock forward left, rock back right

7&8 ½ Turn left and shuffle forward left

【4×8】连续跺脚，摇摆步，向左转 1/2 前进左恰恰步

1&2 右脚向前一步，左脚在右脚后点踏，右脚向前一步

&3& 左脚向前一步，重心摇摆到右脚

4 右脚向前

5-6 左脚向前摇摆，右脚向后摇摆

7&8 左转 1/2 同时左脚向前恰恰步

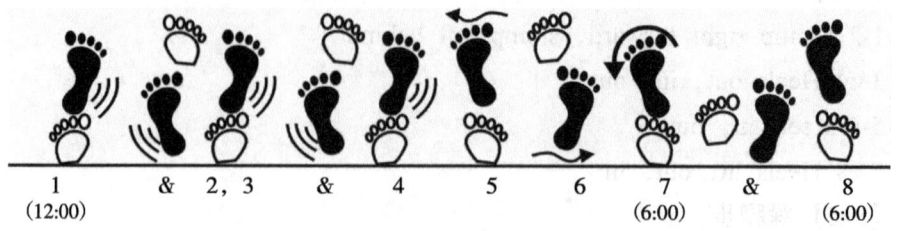

图 7-63 《舞动的小提琴》曲目第四个 8 拍动作图示

【5×8】RUNNING STEP BALLS, ROCK, ½ TURN SHUFFLE

【5×8】Repeat steps【4×8】

【5×8】踩脚步，摇摆步，1/2 转向左恰恰步

【5×8】重复【4×8】

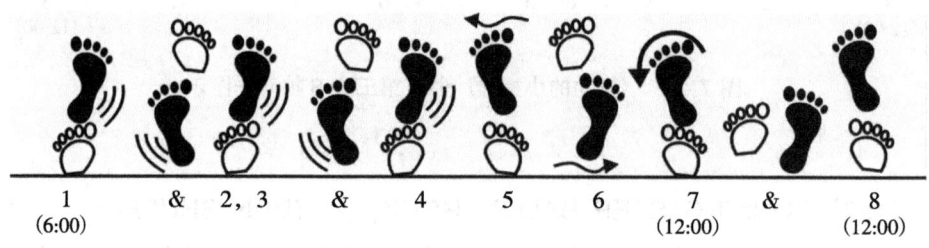

图 7-64 《舞动的小提琴》曲目第五个 8 拍动作图示

【6×8】ROCK FORWARD BACK ½ TURN, REPEAT, ROCKS

1-2 Rock forward right, rock back left

3-4 Rock back on right, rock forward on left

5-6 Rock forward right, rock back left

7-8 ½ Turn right, walk right, walk left

【6×8】向前后摇摆步，1/2 向右转，重复，摇摆步

1-2 右脚向前摇摆，左脚向后摇摆

3-4 右脚向后摇摆，重心向前摇摆

5-6 右脚向前一步，重心摇摆到左脚

7-8 右转 1/2 同时右脚向前一步，左脚向前一步

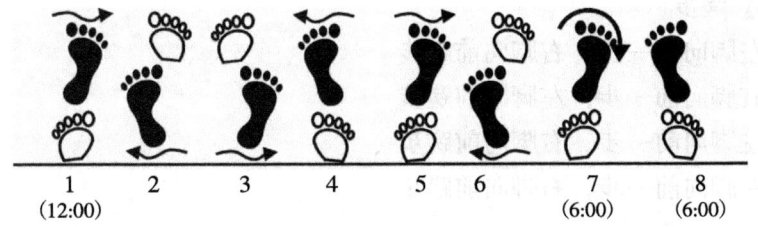

图 7-65　《舞动的小提琴》曲目第六个 8 拍动作图示

组合 B（Part B）

【1×8】STEP，SCUFFS

1-2 Step forward right, scuff left forward

3-4 Step forward left, scuff right forward

5-6 Step forward right, scuff forward left

7-8 Step forward right, scuff left forward

【1×8】上步，蹉步

1-2 右脚向前一步，左脚向前蹉步

3-4 左脚向前一步，右脚向前蹉步

5-6 右脚向前一步，左脚向前蹉步

7-8 右脚向前一步，左脚向前蹉步

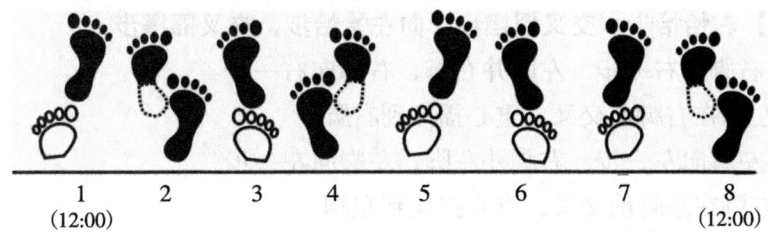

图 7-66　《舞动的小提琴》曲目第一个 8 拍动作图示

【2×8】STEP，SCUFFS

1-2 Step forward left, scuff right forward

3-4 Step forward right, scuff left forward

5-6 Step forward left, scuff forward right

7-8 Step forward left, scuff right forward

【2×8】蹉步

1-2 左脚向前一步，右脚向前蹉步

3-4 右脚向前一步，左脚向前蹉步

5-6 左脚向前一步，右脚向前蹉步

7-8 左脚向前一步，右脚向前蹉步

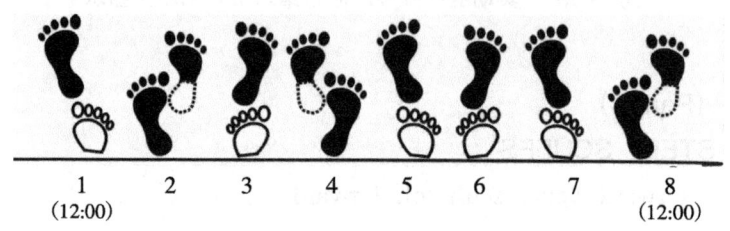

图 7-67 《舞动的小提琴》曲目第二个 8 拍动作图示

【3×8】SIDE SHUFFLE RIGHT, CROSS ROCK, SIDE SHUFFLE LEFT, CROSS ROCK

1&2 Side right shuffle

3-4 Cross rock left over right, rock back onto right

5&6 Side left shuffle

7-8 Cross rock right over left, rock back on left

【3×8】右恰恰步，交叉摇摆步，向左恰恰步，交叉摇摆步

1&2 右脚向右一步，左脚并右脚，右脚向右一步

3-4 左脚在右脚前交叉，重心摇摆到右脚

5&6 左脚向左一步，右脚并左脚，左脚向左一步

7-8 右脚在左脚前交叉，重心摇摆到左脚

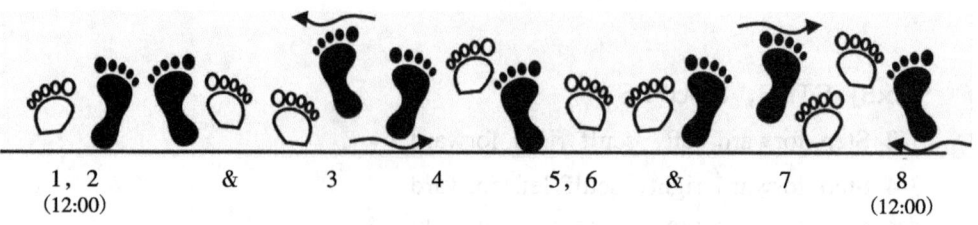

图 7-68 《舞动的小提琴》曲目第三个 8 拍动作图示

【4×8】SIDE TOGETHER SIDE RIGHT，STOMP，SIDE TOGETHER SIDE LEFT，STOMP

1-2 Step side right, bring left in place

3-4 Step side right and stomp left

5-6 Step side left, bring right in place

7-8 Step side left and stomp right

【4×8】跺脚步

1-2 右脚向右一步，左脚并右脚

3-4 右脚向右一步，左脚在右脚旁重踏

5-6 左脚向左一步，右脚并左脚

7-8 左脚向左一步，右脚在左脚旁重踏

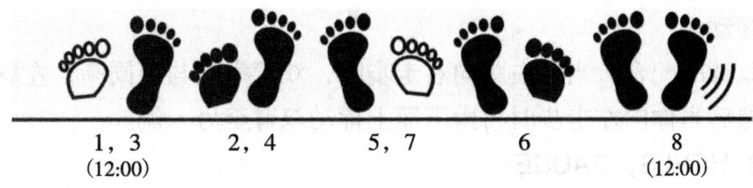

图 7-69　《舞动的小提琴》曲目第四个 8 拍动作图示

【5×8】BIG STEP RIGHT，STOMP，BIG STEP LEFT STOMP

Note about arms: As you step to right bring both arms up to shoulder level, left arm extended, right arm bent, then swing down and up the other side when stepping to left

1 Big step side right

2-3 Slide left to right

4 Stomp left beside right

5 Big step side left

6-7 Slide right to left

8 Stomp right beside left

【5×8】拖步，跺脚步

1 右脚向右一大步

2-3 左脚向右脚拖步

4 左脚在右脚旁重踏

5 左脚向左一大步

6-7 右脚向左脚拖步

8 右脚在左脚旁重踏

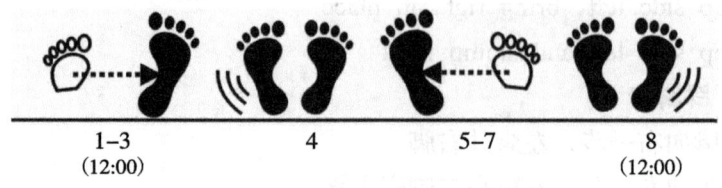

1–3   4   5–7   8
(12:00)   (12:00)

图 7–70 《舞动的小提琴》曲目第五个 8 拍动作图示

关于手臂动作：向右移动时双臂侧举，左臂伸直，右臂弯曲，向左移动时另一侧上下摆动。

注意双臂的配合：当你右脚向右走步时，双臂举至与肩同高，左臂伸展，右臂弯曲；然后当你向左走步时再由下而上挥动双臂至另一侧。

【6×8】HEELS，PAUSE

1-2 Right heel forward, pause

&3 Step on right and left heel forward

4 Pause

&5 Replace weight on left and heel right

&6 Replace weight on right and heel left

&7 Replace weight on left and heel right

8 Pause

【6×8】脚跟点地，停住

1-2 右脚跟向前点地，停住

&3 右脚向前一步，左脚跟向前点地

4 停住

&5 重心转移到左脚，右脚跟向前点地

&6 重心转移到右脚，左脚跟向前点地

&7 重心转移到左脚，右脚跟向前点地

8 停住

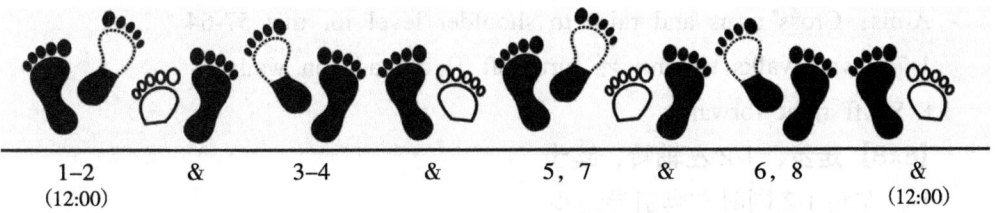

1–2　　　　　&　　　　3–4　　　　&　　　　5, 7　　　　&　　　　6, 8　　　　&
(12:00)　　　　　　　　　　　　　　　　　　　　　　　　　　　　　　　　　　(12:00)

图 7–71　《舞动的小提琴》曲目第六个 8 拍动作图示

【7×8】 HEELS，PAUSE

1-2 Left heel forward, pause

&3 Step on left and right heel forward

4 Pause

&5 Replace weight on right and heel left

&6 Replace weight on left and heel right

&7 Replace weight on right and heel left

8 Pause

【7×8】 脚跟点地，停住

1-2 左脚跟向前点地，停住

&3 左脚向前一步，右脚跟向前点地

4 停住

&5 重心转移到右脚，左脚跟向前点地

&6 重心转移到左脚，右脚跟向前点地

&7 重心转移到右脚，左脚跟向前点地

8 停住

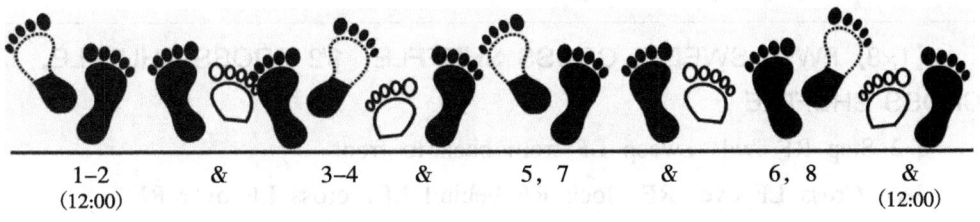

1–2　　　　　&　　　　3–4　　　　&　　　　5, 7　　　　&　　　　6, 8　　　　&
(12:00)　　　　　　　　　　　　　　　　　　　　　　　　　　　　　　　　　　(12:00)

图 7–72　《舞动的小提琴》曲目第七个 8 拍动作图示

【8×8】WALKS，½ TURN，SCUFF

Arms：Cross arms and raise to shoulder level for this 57-64

1-7 Seven walks turning ½ turn left (left leads on walks)

8 Scuff right forward

【8×8】走步，1/2 左轴转，蹉步

1-7 左转 1/2 同时左脚引导走步

8 右脚向前蹉步

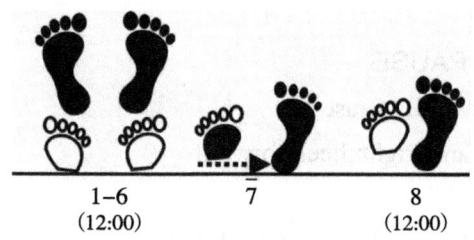

1-6　　　　　7　　　　8

(12:00)　　　　　　(12:00)

图 7-73 《舞动的小提琴》曲目第八个 8 拍动作图示

四、《一起来跳舞》

Everybody Come & Dance

Count：32

Wall：4

Level：Beginner

Choreographer：Irene Tang（Hong Kong） Jan 2012

Music：Everybody Dance by Lemon Ice feat Dave

【1×8】FWD, SWEEP, CROSS SHUFFLE, 1/2 CROSS SHUFFLE, 1/2 CROSS SHUFFLE

1-2 Step RF fwd, sweep LF from back to front

3&4 Cross LF over RF, lock RF behind LF, cross LF over RF

5&6 1/2 R & cross RF over LF, lock LF behind RF, cross RF over LF

(6:00)

7&8 1/2 L & cross LF over RF, lock RF behind LF, cross LF over RF
(12:00)

【1×8】扫荡步，交叉恰恰步，1/2 交叉恰恰步

1-2 右脚向前，左脚由后向前扫荡步

3&4 左脚交叉与右脚前，右脚在左脚后交叉，左脚在右脚后交叉

5&6 右转 1/2 同时右脚在左脚前交叉，左脚在右脚后交叉，右脚在左脚前交叉

7&8 左转 1/2 同时左脚交叉于右脚前，右脚在左脚后交叉，左脚在右脚前交叉

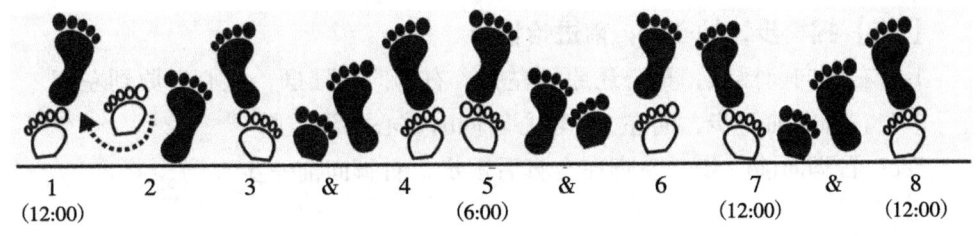

图 7-74 《一起来跳舞》曲目第一个 8 拍动作图示

【2×8】SIDE ROCK, RECOVER, BEHIND SIDE CROSS, SIDE ROCK, RECOVER, BEHIND SIDE CROSS

1-2 Rock RF to R, recover to LF

3&4 Cross RF behind LF, step LF to L, cross RF over LF

5-6 Rock LF to L, recover to RF

7&8 Cross LF behind RF, step RF to R, cross LF over RF

【2×8】向旁摇摆，还原重心，向后交叉，向旁摇摆，还原重心，向后交叉

1-2 右脚向右摇摆，重心还原到左脚

3&4 右脚在左脚后交叉，左脚向左一步，右脚在左脚前交叉

5-6 向左摇摆，重心还原到右脚

7&8 左脚在右脚后交叉，右脚向右一步，左脚在右脚前交叉

Restart here on Wall 3 （6:00）& Wall 6 （12:00）

第三个方向 （6:00）和第六个方向 （12:00）重新开始

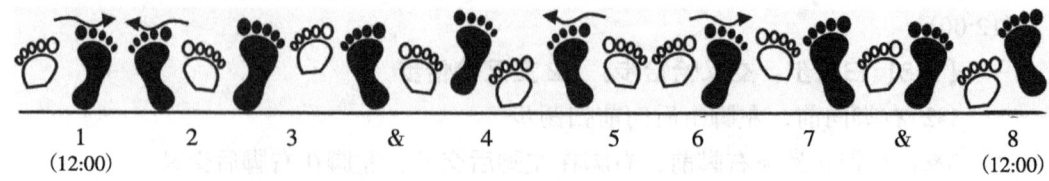

1	2	3	&	4	5	6	7	&	8
(12:00)									(12:00)

图 7-75 《一起来跳舞》曲目第二个 8 拍动作图示

【3×8】ROCKING CHAIR, PADDLE TURN, FWD SHUFFLE

1-4 Rock RF fwd, recover to LF, rock RF back, recover to LF

5-6 Step RF fwd, pivot 1/4 L and transfer weight to LF

7&8 Step RF fwd, lock LF behind RF, step RF fwd

【3×8】摇椅步，轴心转，前进恰恰步

1-4 右脚向前摇摆，重心还原到左脚，右脚向后摇摆，重心还原到左脚

5-6 右脚向前一步，向左 1/4 轴心转同时重心移到左脚

7&8 右脚向前一步，左脚在右脚后锁步，右脚向前一步

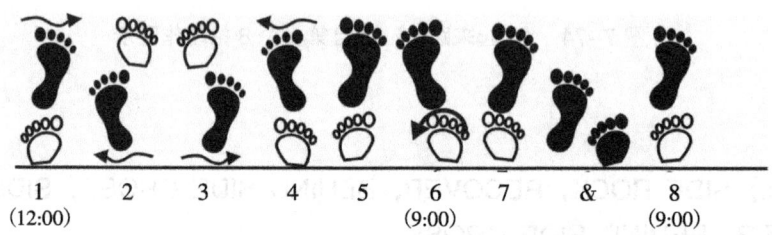

1	2	3	4	5	6	7	&	8
(12:00)					(9:00)			(9:00)

图 7-76 《一起来跳舞》曲目第三个 8 拍动作图示

【4×8】JAZZ BOX CROSS, TOE SWITCHES, POINT, CLOSE

1-4 Cross LF over RF, step RF back, step LF to L, cross RF over LF (shimmy your shoulders)

5&6& Point LF to L, close LF next to RF, point RF to R, close RF next to LF

7-8 Point LF to L, close LF next to RF

【4×8】交叉爵士盒步，交换脚，点地，并步

1-4 左脚在右脚前交叉，右脚向后一步，左脚向左一步，右脚在左脚前交叉（肩部抖动）

5&6& 左脚向左点地，左脚并右脚，右脚向右点地，右脚并左脚

7-8 左脚向左点地，左脚并右脚

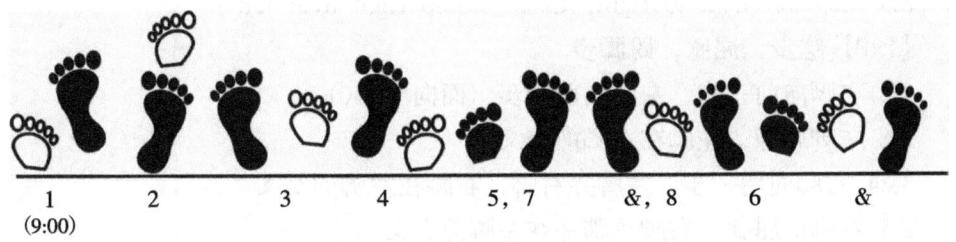

图 7-77 《一起来跳舞》曲目第四个 8 拍动作图示

第五节　职工曲目

一、《爱尔兰之魂》

Irish Spirit（aka Baileys）

Count：32

Wall：4

Level：Intermediate

Choreographer：Maggie Gallagher （March 08）

Music："Celtic Rock" by David King from the "Spirit of the Dance" album

Intro：16 counts

【1×8】STEP, SCUFF-HITCH-CROSS, RIGHT COASTER-CROSS, HITCH, RIGHT CROSS STOMP, RECOVER, TOGETHER, LEFT CROSS STOMP, RECOVER, TOGETHER, RIGHT CROSS STOMP

1& Step forward on right, Scuff forward on left　（12:00）

2& Hitch left knee forward, Cross left over right

3&4 Step back on right, Step left next to right, Cross right over left

&5 Low hitch right, Stomp cross right over left

&6 Recover onto left, Step right next to left

&7 Cross stomp left over right, Recover onto right

&8 Step left next to right, Cross stomp right over left

【1×8】蹉步，屈膝，跺脚步

1& 右脚向前一步，左脚向前蹉步（面向 12:00）

2& 左脚屈膝，左脚在右脚前交叉

3&4 右脚向后一步，左脚并右脚，右脚在左脚前交叉

&5 右脚低屈膝，右脚重踏并在左脚前交叉

&6 重心移到左脚，右脚并左脚

&7 左脚重踏并在右脚前交叉，重心移到右脚

&8 左脚并右脚，右脚重踏并在左脚前交叉

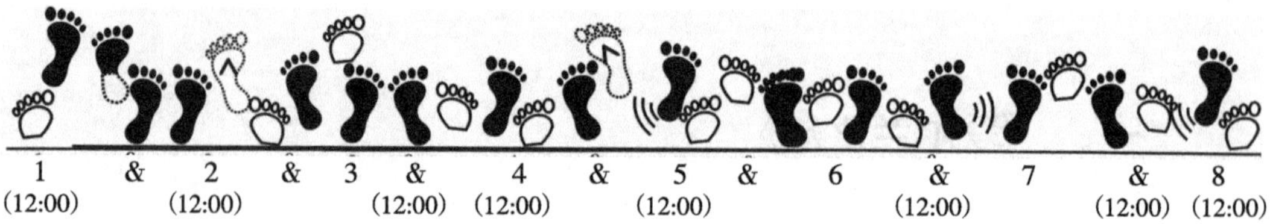

图 7-78 《爱尔兰之魂》曲目第一个 8 拍动作图示

【2×8】LEFT SIDE ROCK，RECOVER，VINE RIGHT，RIGHT SIDE ROCK，RECOVER，VINE LEFT

1-2 Rock out to left side, Recover onto right

3&4 Cross left behind right, Step right to right side, Cross left over right

5-6 Rock out to right side, Recover onto left

7&8 Cross right behind left, Step left to left side, Cross right over left

【2×8】向左摇摆步，右后纺织步，向右摇摆步，左后纺织步

1-2 左脚向左一步，重心摇摆到右脚

3&4 左脚在右脚后交叉，右脚向右一步，左脚在右脚前交叉

5-6 右脚向右一步，重心摇摆到左脚

7&8 右脚在左脚后交叉，左脚向左一步，右脚在左脚前交叉

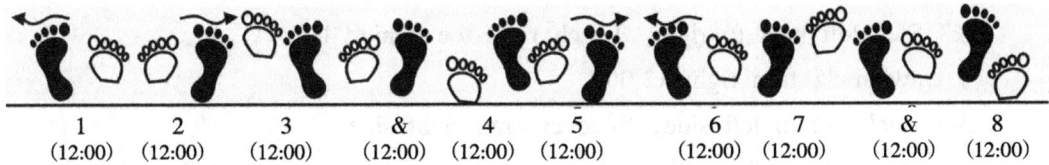

图 7-79　《爱尔兰之魂》曲目第二个 8 拍动作图示

【3×8】 SIDE LEFT, BACK RIGHT, RECOVER, STEP, ½ PIVOT LEFT, FULL TURN RIGHT, POINT RIGHT FORWARD

&1-2 Step left to left side, Rock back on right, Recover onto left

3-4-5 Step forward on right, Make ½ pivot turn left, Walk forward on right（6:00）

6& Make ½ turn right stepping back on left, Make ½ turn right stepping forward on right

7-8 Step forward on left, Point right toe forward（6:00）

【3×8】 向左，右脚向后，还原，上步，摇摆步，1/2 向左轴心转，向右转 360°，右脚前点

&1-2 左脚向旁一步，右脚向后摇摆，重心还原到左脚

3-4-5 右脚 1/2 同时左脚向后，向左 1/2 轴心转，右脚向前一步（6:00）

6&7 右转 1/2 同时左脚向后，右转 1/2 同时右脚向前，左脚向前

7-8 右脚前点地（面向 6:00）

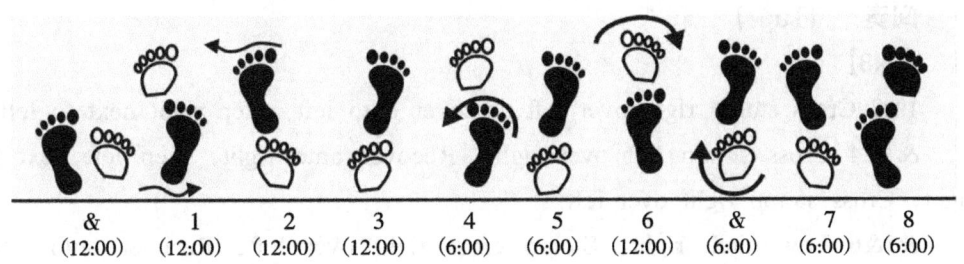

图 7-80　《爱尔兰之魂》曲目第三个 8 拍动作图示

【4×8】 HOLD, TOGETHER, POINT LEFT FORWARD, TOGETHER, CROSS BEHIND, UNWIND ¾ RIGHT, SIDE ROCK, VINE RIGHT

1 hold

&2 Step right next to left, Point left toe forward

&3 Step left next to right, Touch right toe behind left

4 Unwind ¾ turn right（3:00）

5-6 Rock out to left side, Recover onto right side

7&8 Cross left behind right, Step right to right side, Cross left over right

【4×8】停住，同时左脚前点，后交叉，向左 3/4 转，向左摇摆步、右纺织步

1 停住

&2 右脚并左脚，左脚前点地

&3 左脚并右脚，右脚在左脚后点地

4 右转 3/4

5-6 向左摇摆步，重心摇摆到右脚

7&8 左脚在右脚后交叉，右脚向右一步，左脚在右脚前交叉

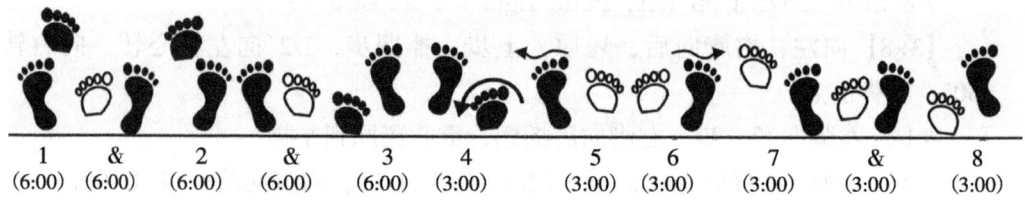

1	&	2	&	3	4	5	6	7	&	8
(6:00)	(6:00)	(6:00)	(6:00)	(6:00)	(3:00)	(3:00)	(3:00)	(3:00)	(3:00)	(3:00)

图 7-81　《爱尔兰之魂》曲目第四个 8 拍动作图示

间奏：（Tag:）

【1×8】

1&2 Cross stomp right over left, recover onto left, Step right next to left

&3&4 Cross stomp left over right, Recover onto right, Step left next to right, Cross stomp right over left

&5&6 Low hitch right, Stomp cross right over left, Recover onto left, Step right next to left

&7&8 Cross stomp left over right, Recover onto right, Step left next to right, Cross stomp right over left

1&2 右脚重踏并在左脚前交叉，重心移到左脚，右脚并左脚

&3&4 左脚重踏并在右脚前交叉，重心移到右脚，左脚并右脚，右脚重踏并在左脚前交叉

&5&6 右脚低屈膝，右脚重踏并在左脚前交叉，重心移到左脚，右脚并左脚

&7&8 左脚重踏并在右脚前交叉，重心移到右脚，左脚并右脚，右脚重踏并在左脚前交叉

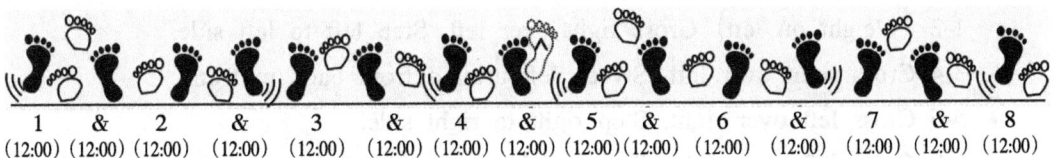

图 7-82 《爱尔兰之魂》曲目第一个 8 拍间奏动作图示

【2×8】

1-2-3-4 Replace weight onto left and start walking round clockwise in a circle to start a full turn - R，L，R，L

5-6-7-8 Continue walking round to complete the circle to end up facing the front wall again - R，L，R，L

Restart the dance from the beginning.

1-8 重心移到左脚，右脚开始顺时针走一个圆，面向 12 点，又从头开始。

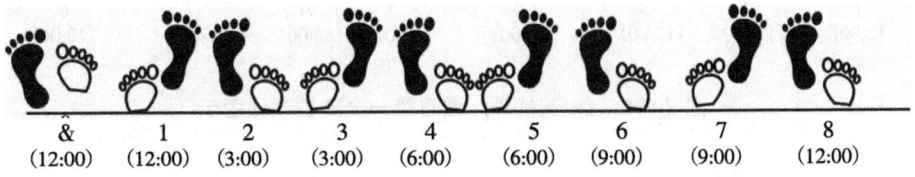

图 7-83 《爱尔兰之魂》曲目第二个 8 拍间奏动作图示

二、《一起快乐》

Welcome to Burlesque

Count：64

Wall：4

Level：Easy Intermediate

Choreographer：Jo Myers （Krazy Feet） Jan 2011

Music：'Welcome To Burlesque' by Cher from CD Burlesque

【1×8】Cross, Side, Cross, Sweep, Cross, Side, Cross, Side, Cross, Sweep

1-2 （Weight on left） Cross right over left. Step left to left side.

3-4 Cross right over left. Sweep left around from back to front.

5-6 Cross left over right. Step right to right side.

7-8 Cross left over right. Sweep right from behind （ready to start weave）

【1×8】交叉，向旁，交叉，扫荡步，交叉，向旁，交叉，向旁，交叉，扫荡步

1-2 （重心在左脚）右脚在左脚前交叉，左脚向左一步

3-4 右脚在左脚前交叉，左脚由后向前扫荡步

5-6 左脚在右脚前交叉，右脚向右一步

7-8 左脚在右脚前交叉，右脚由后向前扫荡步 （准备开始做纺织步）

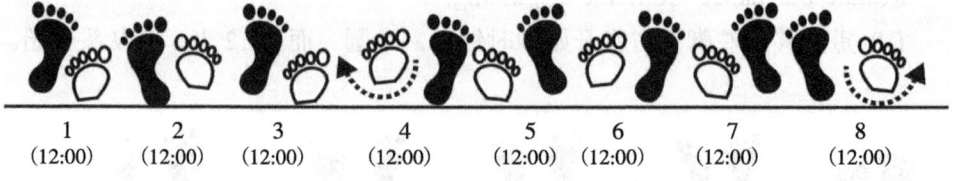

1	2	3	4	5	6	7	8
(12:00)	(12:00)	(12:00)	(12:00)	(12:00)	(12:00)	(12:00)	(12:00)

图 7-84 《一起快乐》曲目第一个 8 拍动作图示

【2×8】Extended Weave, Swivel

1-3 Cross right over left. Step left to left side. Cross right behind left.

4-6 Step left to left side. Cross right over left. Step left to left side.

7-8 On balls of both feet, swivel to right. Swivel back to centre （weight onto right）.

【2×8】连续纺织步，摇摆

1-3 右脚在左脚前交叉，左脚向左一步，右脚在左脚后交叉

4-6 左脚向左一步，右脚在左脚前交叉，左脚向左一步

7-8 向右摇摆臀部后回到中间 （重心在右脚）

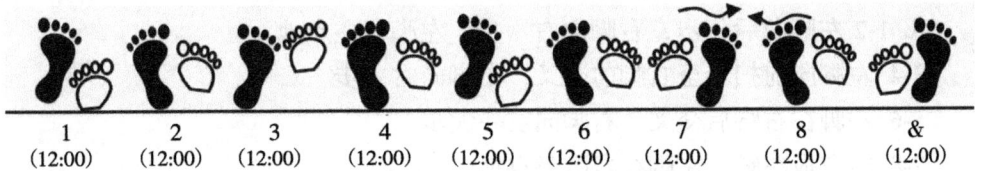

图 7-85 《一起快乐》曲目第二个 8 拍动作图示

【3×8】Rumba Box With Holds

1-2 Step left to left side. Step right beside left.

3-4 Step left forward. Hold.

5-6 Step right to right side. Step left beside right.

7-8 Step right back. Hold.

【3×8】伦巴盒步并停住

1-2 左脚向左一步，右脚并左脚

3-4 左脚向前一步，停住

5-6 右脚向右一步，左脚并右脚

7-8 右脚向后一步，停住

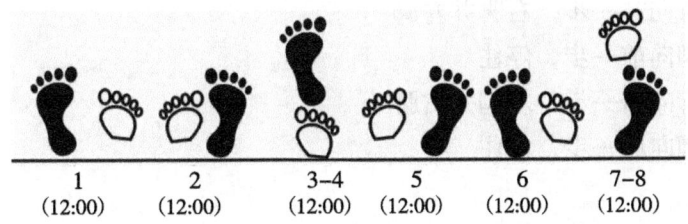

图 7-86 《一起快乐》曲目第三个 8 拍动作图示

【4×8】Ball Step Point，Sweep Cross，Side，Behind，Side，Drag，Touch

& 1-2 Step ball of left behind right. Step right to right side. Point left to left side.

3-4 Sweep left around and cross over right. Step right to right side.

5-6 Cross left behind right. Step right big step to right side.

7-8 Drag left up to right. Touch left beside right.

【4×8】前扫至交叉，向旁，向后，向旁，拖步，点地

& 1-2 左脚向后一步，右脚向右一步，左脚向左点地

3-4 左脚向前扫步至右脚前交叉，右脚向右一步

5-6 左脚在右脚后交叉，右脚向右一大步

7-8 向右拖左脚，左脚在右脚旁点地

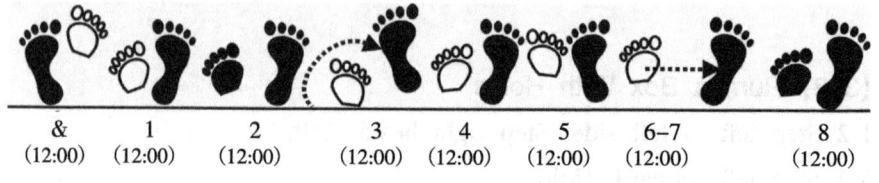

| | & | 1 | 2 | 3 | 4 | 5 | 6-7 | 8 |
| | (12:00) | (12:00) | (12:00) | (12:00) | (12:00) | (12:00) | (12:00) | (12:00) |

图 7-87 《一起快乐》曲目第四个 8 拍动作图示

【5×8】Rumba Box With Holds

1-2 Step left to left side. Step right beside left.

3-4 Step left forward. Hold.

5-6 Step right to right side. Step left beside right.

7-8 Step right back. Hold.

【5×8】伦巴盒步并停住

1-2 左脚向左一步，右脚并左脚

3-4 左脚向前一步，停住

5-6 右脚向右一步，左脚并右脚

7-8 右脚向后一步，停住

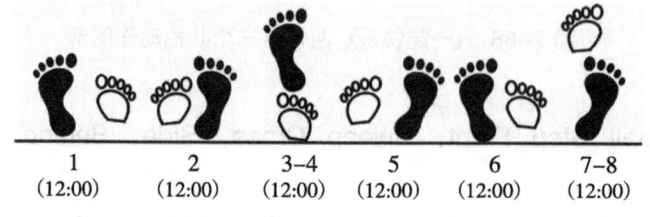

| | 1 | 2 | 3-4 | 5 | 6 | 7-8 |
| | (12:00) | (12:00) | (12:00) | (12:00) | (12:00) | (12:00) |

图 7-88 《一起快乐》曲目第五个 8 拍动作图示

【6×8】Ball Cross, Unwind Full Turn, Side, Close, Side, Hold

& 1 Step ball of left behind right. Cross right over left.

2-4（Weight on right）　Unwind full turn left over 3 counts.

5-8 Step left to left side. Close right beside left. Step left to left side. Hold.

RESTART：Wall 2（facing 3:00）Restart dance from beginning ******

【6×8】转体，向旁，紧靠，向旁，停住

& 1 左脚向后一步，右脚在左脚前交叉

2-4（重心在右脚）向左转

5-8 左脚向左一步，右脚在左脚旁，左脚向左一步，停住

又开始：第二个方向（面向 3 点）又从头开始

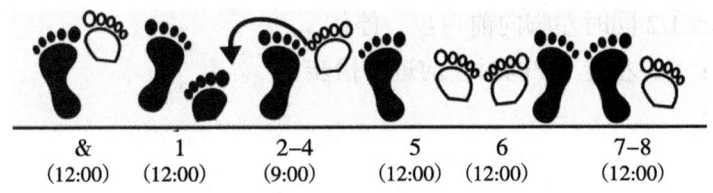

&	1	2-4	5	6	7-8
(12:00)	(12:00)	(9:00)	(12:00)	(12:00)	(12:00)

图 7-89　《一起快乐》曲目第六个 8 拍动作图示

【7×8】Prissy Walk 1/4 Turn，Pivot 1/2 Turn，Forward Lock Step

1-2 Hook right in front of left shin and make 1/4 turn right stepping right forward. Hold.

3-4 Cross left slightly over right　（prissy walks）. Pivot 1/2 turn right hooking right foot in front of left shin.　（9:00）

5-6 Step right forward. Lock left behind right.

7-8 Step right forward. Hold.

【7×8】转体 1/4 爵士走步，轴心转 1/2，前锁步

1-2 右脚在左脚前屈膝，右转 1/4 同时右脚向前一步，停住

3-4 左脚在右脚前交叉（爵士走步），轴心右转 1/2 同时右脚在左脚前屈膝。

5-6 右脚向前一步，左脚在右脚后锁步

7-8 右脚向前一步，停住

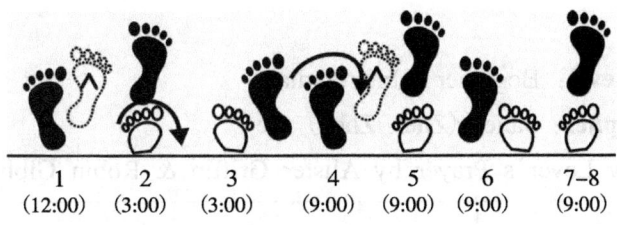

1	2	3	4	5	6	7-8
(12:00)	(3:00)	(3:00)	(9:00)	(9:00)	(9:00)	(9:00)

图 7-90　《一起快乐》曲目第七个 8 拍动作图示

【8×8】Slow Rock Steps，1&1/2 Turn，Hold

1-4 Rock forward on left. Hold. Recover onto right. Hold.

5-6 Making 1/2 turn left step left forward.，Making 1/2 turn left step right back.

7-8 Making 1/2 turn left step left forward. Hold.（3:00）

Option：Counts 5 - 8：shuffle 1/2 turn left and hold.

【8×8】慢摇摆步，转体 1&1/2，停住

1-4 左脚向前摇摆，停住，重心摇摆到右脚，停住

5-6 左转 1/2 同时左脚向前一步，左转 1/2 同时右脚向后一步

7-8 左转 1/2 同时左脚向前一步，停住

可选择：5-8 左转 1/2 同时左前进恰恰步

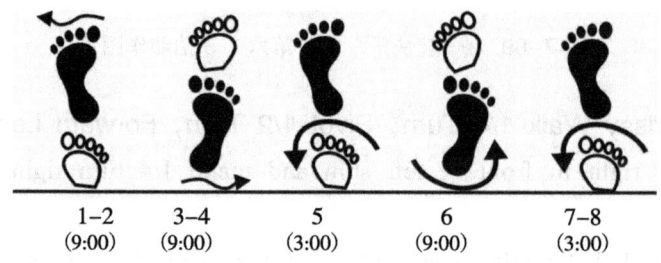

图 7-91 《一起快乐》曲目第八个 8 拍动作图示

三、《春天华尔兹》

Spring Waltz

Count：48

Wall：4 Level：Beginner / Intermediate

Choreographer：Janet（Zhen Zhen）Ge

Music：My Lover's Prayer by Alister Griffin & Robin Gibb

Intro：dance after 4 seconds.

【1×8】TWINKLE，SWEEP LEFT& RIGHT

1-3 Cross right over left, point left out to left side, hold.

4-6 Cross left over right, point right out to right side, hold.

7-9 Step back on right, sweep left front to back.

10-12 Step back on left, sweep right front to back.

【1×8】闪烁步，左（右）脚扫荡步

1-3 右脚在左脚前交叉，左脚向左点地，停住

4-6 左脚在右脚前交叉，右脚向右点地，停住

7-9 右脚向后一步，左脚由前向后扫荡步

10-12 左脚向后一步，右脚由前向后扫荡步

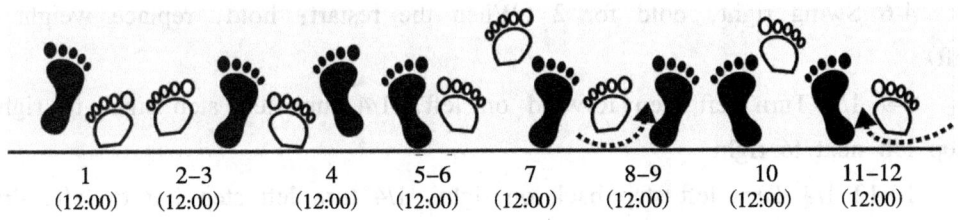

图 7-92　《春天华尔兹》曲目第一个 8 拍动作图示

【2×8】DRAG，1/4 BALANCE STEP

1-3 Step back on right , drag on left toward right, hold

4-6 Step forward on left, drag on right toward left, hold

7-9 1/4 Turn right step forward on right, 1/4 turn right step left to left, step right next to left.

10-12 1/4 Turn right step back on left, 1/4 turn right step right to right, drag on left toward right.

【2×8】拖步，1/4 平衡步

1-3 右脚向后一步，左脚向右脚拖步，停住

4-6 左脚向前一步，右脚向左脚拖步，停住

7-9 右转 1/4 同时右脚向前一步，右转 1/4 同时左脚向左一步，右脚并左脚

10-12 右转 1/4 同时左脚向后一步，右转 1/4 同时右脚向右一步，左脚向右脚拖步

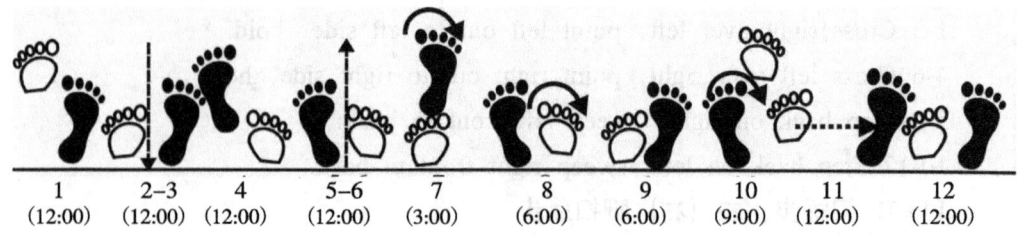

1	2-3	4	5-6	7	8	9	10	11	12
(12:00)	(12:00)	(12:00)	(12:00)	(3:00)	(6:00)	(6:00)	(9:00)	(12:00)	(12:00)

图 7-93 《春天华尔兹》曲目第二个 8 拍动作图示

【3×8】 SWING，1/4 BALANCE STEP

1-3 Swing left, hold for 2

4-6 Swing right, hold for 2（When the restart：hold, replace weight to left）

7-9 1/4 Turn left step forward on left, 1/4 turn left step right to right, step left next to right

10-12 1/4 Turn left step back on right, 1/4 turn left step left to left, drag on right toward left.

【3×8】 摆荡步，1/4 平衡步

1-3 向左摆荡，停 2 拍

4-6 向右摆荡，停 2 拍

7-9 左转 1/4 同时左脚向前一步，左转 1/4 同时右脚向右一步，左脚在右脚旁

10-12 左转 1/4 同时右脚向后一步，左转 1/4 同时左脚向左一步，向左拖右脚

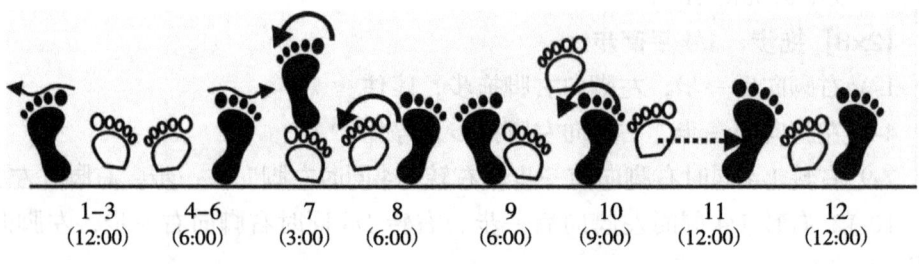

1-3	4-6	7	8	9	10	11	12
(12:00)	(6:00)	(3:00)	(6:00)	(6:00)	(9:00)	(12:00)	(12:00)

图 7-94 《春天华尔兹》曲目第三个 8 拍动作图示

【4×8】FORWARD STEP

1-3 Step forward on right, hold for 2

4-6 1/2 Turn left step forward on left, hold for 2

7-9 1/4 Turn right step forward on right, hold for 2

10-12 1/2 Turn left step forward on left, hold for 2

【4×8】向前一步

1-3 右脚向前一步，停 2 拍

4-6 左转 1/2 同时左脚向前一步，停 2 拍

7-9 右转 1/4 同时右脚向前，停 2 拍

10-12 左转 1/2 同时左脚向前，停 2 拍

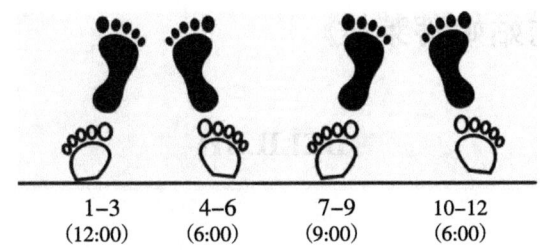

图 7-95　《春天华尔兹》曲目第四个 8 拍动作图示

间奏：

SWING：

1-3 Swing right, hold for 2

4-6 Swing left, hold for 2

7-9 Swing right, hold for 2

10-12 Swing left, hold for 2

摆动步

1-3 向右摆动，停 2 拍

4-6 向左摆动，停 2 拍

7-9 向右摆动，停 2 拍

10-12 向左摆动，停 2 拍

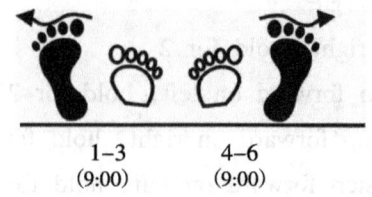

1-3　　　4-6
(9:00)　　(9:00)

图 7-96　《春天华尔兹》曲目间奏动作图示

第六节　社区曲目

一、《我的姑娘蒂莱拉》

DELILAH

Count：48

Wall：4

Level：Beginner / Improver

Choreographer：Alison Johnstone

Music："Delilah" Tom Jones （Greatest Hits CD）

【1×8】SWAY, SWAY, FWD BASIC, BACK BASIC （12.00）

1-2-3 Step Left to side sway hips Left （weight Left）

4-5-6 Step Right to side sway hips Right （weight Right）

7-8-9 Step fwd onto Left, Step Right into Left, Step Left in place

10-11-12 Step back onto Right, Step Left into Right, Step Right in place

【1×8】摆荡步，摆荡步，向前基本步，向后基本步 （12:00）

1-2-3 左脚向左一步，臀部向左摇动 （重心在左脚上）

4-5-6 右脚向右一步，臀部向右摇动 （重心在右脚上）

7-8-9 左脚向前一步，右脚向前一步，左脚原地一步

10-11-12 右脚向前一步，左脚向前一步，右脚原地一步

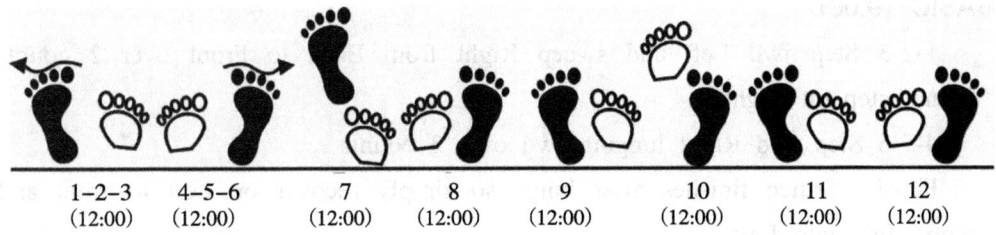

图 7-97　《我的姑娘蒂莱拉》曲目第一个 8 拍动作图示

【2×8】 1/4 TURN RIGHT SWAY, SWAY, STEP HITCH HOLD, BACK DRAG（3.00）

1-2-3 ¼ turn Right Stepping Left to side sway hips Left　（weight Left）

4-5-6 Step Right to side sway hips Right　（weight Right）

7-8-9 Step fwd onto Left, Hitch Right, Hold

10-11-12 Step back onto Right, Drag left towards Right over 2 counts

【2×8】　向右转 1/4 摆荡步，摆荡步，吸腿停住，向后拖步（3:00）

1-2-3 右转 1/4 同时左脚向左一步，臀部向左摇动（重心在左脚上）

4-5-6 右脚向右一步，臀部向右摇动（重心在右脚上）

7-8-9 左脚向前一步同时屈右膝，停住

10-11-12 右脚向后一步，左脚向右脚拖两拍

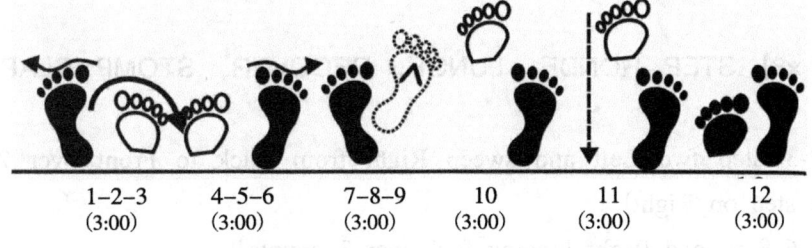

图 7-98　《我的姑娘蒂莱拉》曲目第二个 8 拍动作图示

【3×8】STEP RONDE, LUNGE, RECOVER, 1/2 TURN OVER LEFT BASIC (9.00)

1-2-3 Step fwd Left and sweep Right from Back to Front over 2 counts (do not step on Right)

4-5-6 Step fwd Right lunging fwd over 3 counts

Finish: Dance finishes after lunge so simply recover on Left to front and stomp Right into Left

7-8-9 Recover back on Left for 3 counts （nice smooth movement back from lunge）

10-11-12 Step back onto Right, ½ turn over Left stepping fwd Left, Step fwd Right

【3×8】扫荡步，1/2 左转平衡步

1-2-3 左脚向前一步同时右脚由后向前扫荡 2 拍

4-5-6 右脚向前一大步

7-8-9 重心还原到左脚 （由弓步平滑地向后移动）

10-11-12 右脚向后一步，左转 1/2 同时左脚向前一步，右脚向前一步

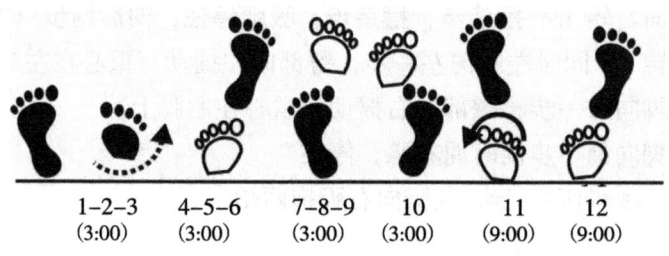

图 7-99 《我的姑娘蒂莱拉》曲目第三个 8 拍动作图示

【4×8】STEP RONDE, LUNGE, RECOVER, STOMP CLAP CLAP (9.00)

1-2-3 Step fwd Left and sweep Right from Back to Front over 2 counts (do not step on Right)

4-5-6 Step fwd Right lunging fwd over 3 counts

7-8-9 Recover back on Left for 3 counts （nice smooth movement back from lunge）

10-11-12 Stomp Right slightly to side, Clap, Clap （weight Right）

【4×8】扫荡步

1-2-3 左脚向前一步同时右脚由后向前扫荡步

4-5-6 右脚向前一大步

7-8-9 重心还原到左脚 （由弓步平滑地向后移动）

10-11-12 右脚向右重踏，击掌，击掌（重心在右脚上）

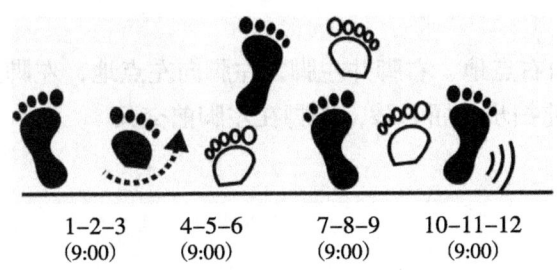

1-2-3　　4-5-6　　7-8-9　　10-11-12
(9:00)　　(9:00)　　(9:00)　　(9:00)

图 7-100　《我的姑娘蒂莱拉》曲目第四个 8 拍动作图示

二、《凯尔特猫咪》

CELTIC KITTENS

Count：32

Wall：4

Level：Intermediate

Choreographer：Maggie Gallagher

Music：Celtic Kittens by Ronan Hardiman

Intro：This is a long intro, totaling 1 minute 10 seconds.

【1×8】　(MOVING TO THE RIGHT)　TOE TAP HEEL CROSSES，SIDE SWITCHES，SCUFF，HITCH CROSS

1&2& Touch right toe behind left, step right to side, cross/touch left heel over right, step left together

3&4& Touch right toe behind left, step right to side, cross/touch left heel over right, step left together

5&6& Touch right to side, step right together, touch left to side, step left together

7&8 Scuff right forward, hitch right knee, cross right over left

【1×8】（向右移动）脚掌点地，脚跟交叉，依次向旁，扫步，提膝交叉

1&2& 右脚在左脚后点地，右脚向右一步，左脚跟在右脚前交叉／点地，左脚并右脚

3&4& 右脚在左脚后点地，右脚向右一步，左脚跟在右脚前交叉／点地，左脚并右脚

5&6& 右脚向右点地，右脚并左脚，左脚向左点地，左脚并右脚

7&8 右脚向前扫步，屈右膝，右脚在左脚前交叉

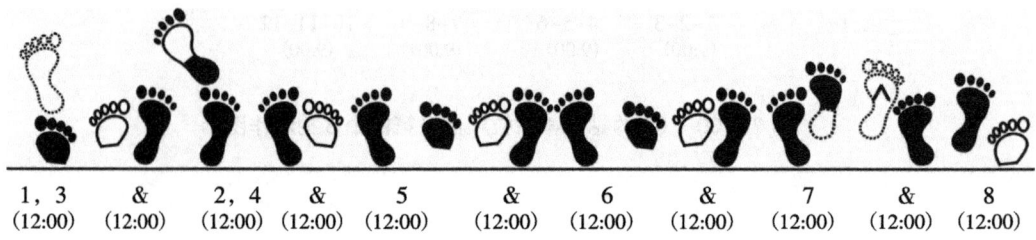

1, 3	&	2, 4	&	5	&	6	&	7	&	8
(12:00)	(12:00)	(12:00)	(12:00)	(12:00)	(12:00)	(12:00)	(12:00)	(12:00)	(12:00)	(12:00)

图 7-101 《凯尔特猫咪》曲目第一个 8 拍动作图示

【2×8】（MOVING TO THE LEFT) TOE TAP HEEL CROSSES, SIDE SWITCHES, SCUFF, HITCH CROSS

1&2& Touch left toe behind right, step left to side, cross/touch right heel over left, step right together

3&4& Touch left toe behind right, step left to side, cross/touch right heel over left, step right together

5&6& Touch left to side, step left together, touch right to side, step right together

7&8 Scuff left forward, hitch left knee, cross left over right

【2×8】（向左移动）脚掌点地，脚跟交叉，依次向旁，扫步，提膝交叉

1&2& 左脚在右脚后点地，左脚向左一步，右脚跟在左脚前交叉／点地，右脚并左脚

3&4& 左脚在右脚后点地，左脚向左一步，右脚跟在左脚前交叉／点地，右脚并左脚

5&6& 左脚向左点地，左脚并右脚，右脚向左点地，右脚并左脚

7&8 左脚向前扫步，屈左膝，左脚在左脚前交叉

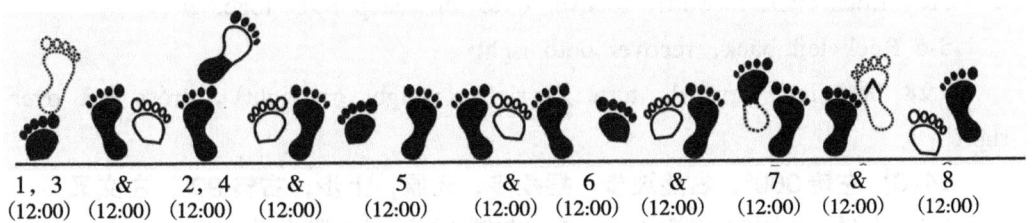

图 7-102　《凯尔特猫咪》曲目第二个 8 拍动作图示

【3×8】STEP BACK, SIDE, RIGHT CROSS SHUFFLE, SIDE, ½ TURN RIGHT, LEFT SHUFFLE

1-2 Step right back, step left to side

3&4 Cross right over left, step left to side, cross right over left

5-6 Step left to side, turn ½ right and step right forward

7&8 Step left forward, step right together, step left forward

【3×8】向后，向旁，向右交叉恰恰步，向旁，右转 1/2，左恰恰步

1-2 右脚向后一步，左脚向左一步

3&4　右脚在左脚前交叉，左脚向左一步，右脚在左脚前交叉

5-6 左脚向左一步，右转 1/2 右脚向前一步

7&8 左脚向前一步，右脚并左脚，左脚向前一步

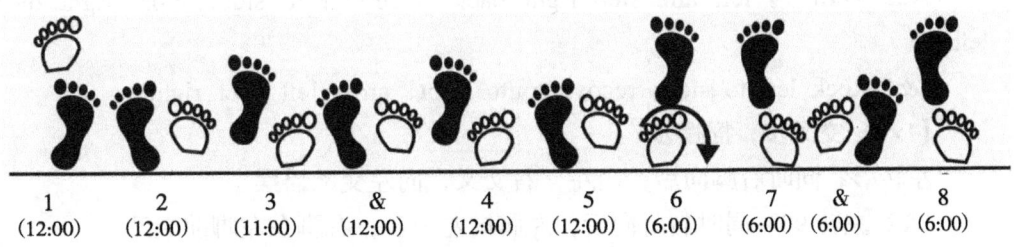

图 7-103　《凯尔特猫咪》曲目第三个 8 拍动作图示

【4×8】FULL TURN LEFT, RIGHT MAMBO. ROCK, RECOVER, STEP, ¼ RIGHT, CROSS LEFT OVER RIGHT

1-2 Turn ¼ left and step right back, turn ½ left and step left forward

3&4 Rock right forward, recover onto left, step right together

5-6 Rock left back, recover onto right

7&8 Step left forward, turn ¼ right（weight on right）, cross left over right

【4×8】左转360°，右曼波步、摇摆步，还原，上步，右转90°，左交叉

1-2 左转1/2同时右脚向后一步，左转1/2同时左脚向前一步

3&4 右脚向前一步，重心摇摆到左脚，右脚并左脚

5-6 左脚向后一步，重心摇摆到右脚

7&8 左脚向前一步，右转1/4（重心在右脚上），左脚在右脚前交叉

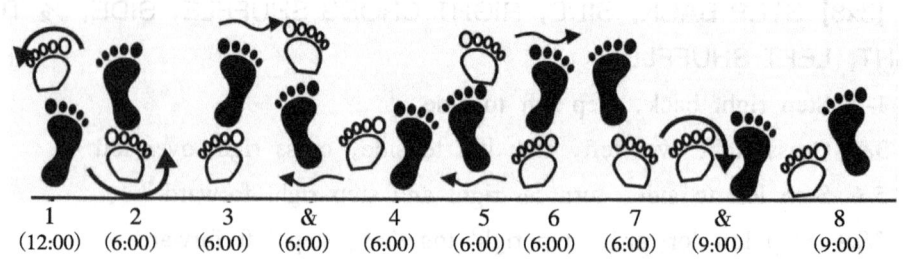

图7-104 《凯尔特猫咪》曲目第四个8拍动作图示

间奏：

【1×8】¼ LEFT STEPPING BACK ON RIGHT, SIDE LEFT, RIGHT CROSS, LEFT ROCK & CROSS

1&2 Turn ½ left and step right back, step left to side, cross right over left

3&4 Rock left to side, recover onto right, cross left over right

【1×8】交叉步，摇摆步

左转¼同时右脚向后，向左，右交叉，向左交叉摇摆

1&2 左转90°同时右脚向后，左脚向左一步，右脚在左脚前交叉

3&4 左脚向左一步，重心摇摆到右脚，左脚在右脚前交叉

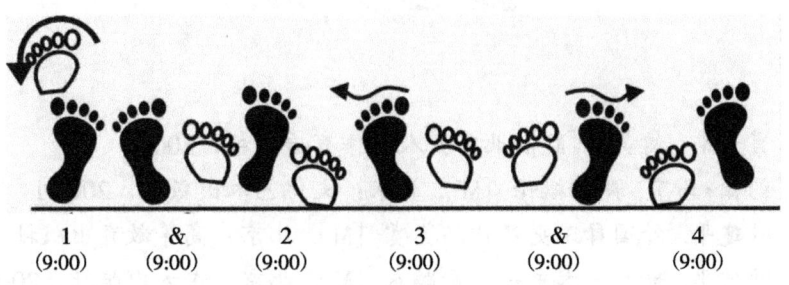

图 7-105　《凯尔特猫咪》曲目间奏图示

参考文献

[1] 肖光来. 健美操[M]. 北京：人民体育出版社，2008.9

[2] 约翰·马丁. 舞蹈概论 [M]. 北京：文化艺术出版社，2005.1

[3] 欧建平. 外国舞蹈史及作品鉴赏 [M]. 北京：高等教育出版社. 2008.1

[4] 欧建平. 世界艺术史——舞蹈卷 [M]. 北京：东方出版社，2003.1

[5] 马云霞，杨敏，潘薇佳. 民族舞蹈技术技巧 [M]. 北京：中央民族大学出版社，2009.10

[6] 潘志涛. 大地之舞 [M]. 上海：上海音乐出版社，2006.12

[7] 杨红，刘智丽，李德华. 兴趣体操 [M]. 成都：四川人民出版社，2011.7

[8] 朴永光. 舞蹈文化概论 [M]. 北京：中央民族大学出版社，2009.2

[9] 隆荫培，徐尔充，欧建平. 舞蹈知识手册 [M]. 上海：上海音乐出版社，1999.4

[10] 罗杰·凯密恩. 听音乐 [M]. 北京：世界图书出版公司，2008.6

[11] 陈介方，陈晓栋. 踢踏舞入门 [M]. 上海：上海远东出版社，2008.9

[12] 杨越，李春华，胡晓. 性格舞蹈教程 [M]. 上海：上海音乐出版社. 2004.9

[13] 幕羽. 外国流行舞蹈作品赏析 [M]. 上海：上海音乐出版社，2004.9

[14] Bill bader. The history and spread of line dance [M]. P.A.L Workshop Notes, 2004.

[15] 古维秋. 排舞对我国民族健身舞发展的启示 [J]. 体育文化导刊，2010 (8).

[16] Bill bader.Dance styles and music styles of line dance [EB/OL]. http：//www.billbader.com, 2004.

[17] 焦敬伟. 对新兴休闲运动"排舞"及其推广的研究 [J]. 广州体育学院学报，2007 (7)

[18] 卢元镇. 社会体育学 [M]. 北京：高等教育出版社，2002.8

[19] 王洪. 健美操教程 [M]. 北京：人民体育出版社，2001.1

［20］ Christy lane（USA）.Christy lane's complete book of line Dancing（2th edition）［M］.human kinetics，2000

［21］ Paul bottomer（UK）.line dancing［M］. anness publishing limited，2002

［22］ A. 班尼特. 流行音乐文化［M］. 北京：北京大学出版社，2006

［23］ 尤静波. 流行音乐历史与风格［M］. 长沙：湖南文艺出版社，2007

［24］ 许宗祥. 休闲体育概论［M］. 北京：人民教育出版社，2007

［25］ 童昭岗. 体育舞蹈［M］. 桂林：广西师范大学出版社，2005

［26］ 王轲，王家彬. 体育舞蹈与流行交谊舞［M］. 西安：西北工业大学出版社，2007

［27］ http：//www.linedancesport.com/

［28］ http：//kickit.to/line dance